A*List VOCA
초등필수

A*List

How to Use 이 책의 구성과 특징

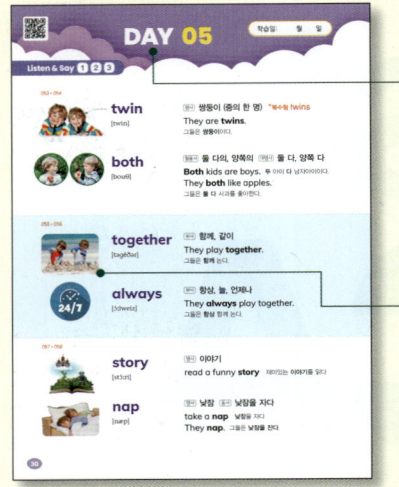

1. **새 교육과정 초등 필수 어휘와 교과서 및 ELT 교재 빈출 어휘 완벽 반영**
   DAY별로 12개의 단어와 1개의 숙어를 가장 효과적으로 암기할 수 있는 8주 완성 학습 플랜을 제시합니다.

2. **연상 암기가 가능한 직관적인 사진과 삽화**
   단어를 확실하게 각인시키는 직관적인 사진과 삽화로 쉽고 재미있게 공부할 수 있습니다.

3. **연관성 높은 단어들을 2개씩 짝지어 외우는 주제별 구성**
   주제별로 연관된 어휘끼리 짝지어 학습하면 더 쉽고 빠르게 단어를 암기할 수 있습니다.

4. **앞서 배운 단어들로 차곡차곡 Build Up 해 나가는 활용도 높은 예문**
   자연스러운 반복 학습으로 단어의 쓰임새와 기초 핵심 문장의 틀을 완벽하게 익힐 수 있습니다.

QR코드로 바로 듣는 MP3
각 DAY별 어휘의 발음과 뜻, 예문을 바로 듣고 따라 읽으며 소리로도 익힐 수 있는 QR코드 삽입

QR코드로 바로 연결되는 어휘 학습앱
표지의 QR코드를 통해 어휘 학습이 가능한 앱으로 바로 연결

5 학습한 어휘를 완벽하게 점검할 수 있는 **Daily Test**

오늘 배운 단어를 문제를 통해 확인하며 얼마나 외웠는지 스스로 점검할 수 있습니다.

6 효과적인 반복 학습이 가능한 **Picture Review**

이미지를 통해 연상작용을 극대화하고, 단어와 뜻을 써 보며 배운 단어를 오래 기억할 수 있습니다.

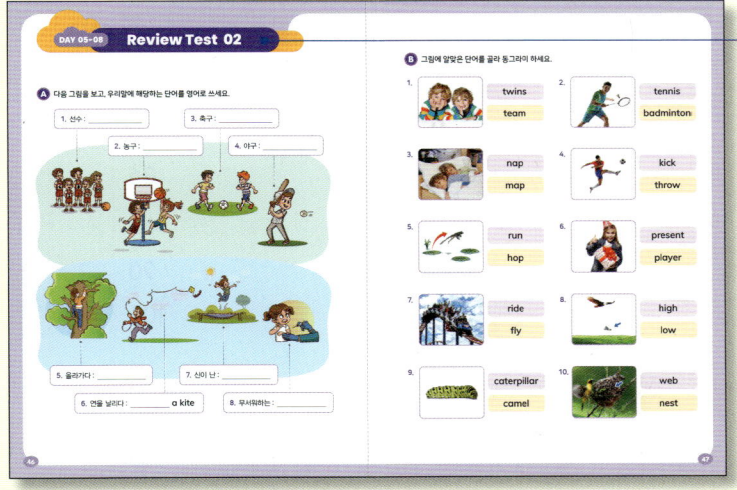

7 누적된 어휘를 반복 확인할 수 있는 **Review Test**

4일차를 학습한 후 뜻과 철자, 유의어, 반의어, 숙어 등에 관한 다양한 문제를 풀어 보며 누적된 어휘를 반복 확인할 수 있습니다.

8 쓰면서 암기하는 어휘 쓰기장

9 휴대하며 암기하는 어휘 암기장

DAY별 어휘를 쓰면서 학습할 수 있는 〈어휘 쓰기장〉과 간편하게 휴대하며 외울 수 있는 〈어휘 암기장〉으로 단어를 더 오래 기억할 수 있습니다.

Contents 차례

학습 계획표	5
발음 기호	6
품사	8

DAY 01-04   10
Review Test 01   DAY 01-04   26

DAY 05-08   30
Review Test 02   DAY 05-08   46

DAY 09-12   50
Review Test 03   DAY 09-12   66

DAY 13-16   70
Review Test 04   DAY 13-16   86

DAY 17-20   90
Review Test 05   DAY 17-20   106

DAY 21-24   110
Review Test 06   DAY 21-24   126

DAY 25-28   130
Review Test 07   DAY 25-28   146

DAY 29-32   150
Review Test 08   DAY 29-32   166

ANSWER KEY   171
INDEX   197

Study Planner 학습 계획표

 하루에 1 DAY씩 8주 완성
각 DAY별로 학습한 날짜를 써 나가며 단어 실력을 키워 봅시다.

Week 1	DAY 01	DAY 02	DAY 03	DAY 04	Review Test 01
1차 학습일					
2차 학습일					

Week 2	DAY 05	DAY 06	DAY 07	DAY 08	Review Test 02
1차 학습일					
2차 학습일					

Week 3	DAY 09	DAY 10	DAY 11	DAY 12	Review Test 03
1차 학습일					
2차 학습일					

Week 4	DAY 13	DAY 14	DAY 15	DAY 16	Review Test 04
1차 학습일					
2차 학습일					

Week 5	DAY 17	DAY 18	DAY 19	DAY 20	Review Test 05
1차 학습일					
2차 학습일					

Week 6	DAY 21	DAY 22	DAY 23	DAY 24	Review Test 06
1차 학습일					
2차 학습일					

Week 7	DAY 25	DAY 26	DAY 27	DAY 28	Review Test 07
1차 학습일					
2차 학습일					

Week 8	DAY 29	DAY 30	DAY 31	DAY 32	Review Test 08
1차 학습일					
2차 학습일					

Phonetic Symbols 발음 기호

우리말과 달리 영어는 같은 알파벳이라도 단어에 따라 다르게 발음되는 경우가 많습니다. 그래서 단어 안에서 철자가 어떻게 소리 나는지를 기호로 표시하는데, 이것을 발음 기호라고 합니다.

발음 기호를 알고 있으면 모르는 단어라도 정확한 발음을 낼 수 있습니다. 아래의 표에서 발음 기호를 확인하고, QR코드를 찍어서 원어민의 발음을 따라 연습해 보세요.

모음

🔊 **단모음:** 짧게 소리 내는 모음

발음 기호	[ɑ]	[e]	[i]	[u]	[ɔ]	[ʌ]	[ə]	[æ]	[ɛ]
비슷한 소리	아	에	이	우	오/어	어 (강하게)	어 (짧게)	애	에
듣기	QR	QR	QR	QR	QR	QR	QR	QR	QR
예시	box	egg	kid	book	fog	sun	about	apple	air

🔊 **장모음:** 길게 소리 내는 모음 (장모음은 모음에 ː를 붙여서 표시합니다.)

발음 기호	[ɑː]	[iː]	[uː]	[əː]	[ɔː]	[ei]	[ai]
비슷한 소리	아-	이-	우-	어-	오/어-	에이-	아이-
듣기	QR	QR	QR	QR	QR	QR	QR
예시	father	see	food	earth	frog	make	hide

자음

🔊 **유성자음:** 발음할 때 목이 떨리는 자음

발음기호	[b]	[d]	[m]	[n]	[r]	[l]	[z]	[ʒ]
비슷한 소리	ㅂ	ㄷ	ㅁ	ㄴ	ㄹ	ㄹ	ㅈ	쥐
듣기								
예시	ball	dog	my	nut	robot	lion	zero	television

발음기호	[dʒ]	[ð]	[g]	[v]	[h]	[ŋ]	[j]	[w]
비슷한 소리	즈/쥐 (강하게)	ㄷ	ㄱ	ㅂ	ㅎ	ㅇ (받침)	이	우
듣기								
예시	giraffe	mother	go	van	hat	king	yes	web

🔊 **무성자음:** 발음할 때 목이 떨리지 않는 자음

발음기호	[p]	[f]	[θ]	[s]	[ʃ]	[k]	[t]	[tʃ]
비슷한 소리	ㅍ	ㅍ/ㅎ	쓰/뜨	ㅅ	쉬	ㅋ	ㅌ	츠/취
듣기								
예시	pig	fan	thumb	sea	shoe	key	tiger	chair

Parts of Speech 품사

영어 단어는 문장에서의 역할이나 쓰임에 따라 8가지 종류로 나뉘는데, 이것을 품사라고 합니다. 8개의 품사에는 명사, 대명사, 동사, 형용사, 부사, 전치사, 접속사, 감탄사가 있습니다.

대명사
명사를 대신해서 쓰는 말

I 나, you 너, he 그, she 그녀, they 그들, we 우리 등

명사
사람, 사물, 동물 등의 이름을 나타내는 말

Tom 톰, bird 새, tree 나무, apple 사과, mom 엄마, dad 아빠 등

I see a bird.

나는 / 본다 / 새를.

I see a blue bird.

나는 / 본다 / 파란 새를.

동사
움직임이나 상태를 나타내는 말

see 보다, run 달리다, play 놀다, am 이다, are 이다 등

형용사
명사를 꾸며 주거나 설명하는 말

blue 파란, big 큰, small 작은, happy 행복한, sad 슬픈 등

접속사
단어와 단어, 구와 구, 문장과 문장을 연결해 주는 말

and 그리고, but 그러나, or 또는, because …때문에 등

전치사
명사나 대명사 앞에 와서 시간, 위치, 방향, 소유 등을 나타내는 말

in ~안에, on ~위에, under ~아래, behind ~뒤에 등

Tom **and** Tim are **in** the park.

톰과 팀은 / 있다 / 공원에.

Wow! They run **very fast**!

우와! / 그들은 / 달린다 / 아주 빨리!

감탄사
기쁨, 슬픔, 놀람 등의 감정을 나타내는 말

Oh! 오!, Wow! 우와!, Oops! 저런!, Aha! 아하! 등

부사
동사, 형용사, 그리고 부사 등을 꾸며 주는 말

very 매우, fast 빠르게, well 잘, slowly 느리게 등

DAY 01

학습일: 월   일

Listen & Say 1 2 3

001 • 002

vacation
[veikéiʃən]

명사 1. 방학 2. 휴가

my summer **vacation**   나의 여름 **방학**

trip
[trip]

명사 (짧은) 여행   *tour 여행, 관광

a **trip** to the beach   바닷가로의 여행

003 • 004

dive
[daiv]

동사 다이빙하다, (물속으로) 뛰어들다
명사 **diving** 다이빙

We **dive** into the water.
우리는 물속으로 **뛰어든다**.

under
[ʌ́ndər]

전치사 ~ 아래에, ~ 속에

under the sea   바다 밑에, 바닷속에
What can you see **under** the sea?
바닷**속에서** 무엇을 볼 수 있니?

005 • 006

colorful
[kʌ́lərfəl]

형용사 형형색색의, 다채로운

You can see **colorful** fish.
형형색색의 물고기들을 볼 수 있다.

coral
[kɔ́ːrəl]

명사 산호   *coral reef 산호초

You can see colorful **corals**.
화려한 **산호들**을 볼 수 있다.

007 • 008

dolphin
[dálfin]

[명사] 돌고래

a cute **dolphin** 귀여운 돌고래

whale
[hweil]

[명사] 고래

a big **whale** 커다란 고래

009 • 010

octopus
[áktəpəs]

[명사] 문어

You can meet an **octopus**.
문어를 만날 수 있다.

shark
[ʃɑːrk]

[명사] 상어

You can meet a **shark**!
상어를 만날 수 있다!

011 • 012

sharp
[ʃɑːrp]

[형용사] 날카로운, 뾰족한

sharp teeth 날카로운 이빨들
Sharks have **sharp** teeth.
상어는 날카로운 이빨을 가지고 있다.

scary
[skéəri]

[형용사] 무서운, 겁나는

a **scary** shark 무서운 상어

013

look out

조심하다, 주의하다 = watch out
Look out! 조심해!

DAY 01 Daily Test

A 그림에 알맞은 단어와 우리말 뜻을 찾아 연결하세요.

1.  • • trip • • 다이빙하다

2.  • • dive • • (짧은) 여행

3.  • • coral • • 산호

4. 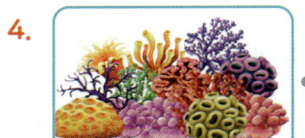 • • shark • • 조심하다, 주의하다

5.  • • look out • • 상어

B 우리말 뜻에 맞게 주어진 글자를 바르게 배열하여 쓰세요.

1. 방학, 휴가   c a v a t o i n   _____

2. 형형색색의   l c o o r u l f   _____

3. 돌고래   p h n i d o l   _____

4. 날카로운   a r p s h   _____

5. 문어   t o p u s o c   _____

Picture Review

● 그림에 알맞은 단어나 표현을 골라 동그라미 한 후, 우리말 뜻과 함께 쓰세요.

1.
coral | colorful

2.
shark | sharp

3.
octopus | under

4.
dolphin | shark

5.
scary | sharp

6.
vacation | whale

7.
on the sea
under the sea

8.
summer vacation
winter vacation

DAY 02

학습일:　　월　　일

Listen & Say 1 2 3

014 • 015

parent
[pέərənt]

(명사) 부모 (아버지 또는 어머니 한 사람)　*복수형 **parents**
They are my **parents**.　그분들은 우리 **부모님**이다.
Happy **Parents**' Day!　어버이날을 축하합니다!

great
[greit]

(형용사) 훌륭한, 대단한, 정말 좋은
My parents are **great**!　우리 부모님은 **훌륭하시다**.
That's **great**!　정말 잘 됐다! / 굉장한데!

016 • 017

mother
[mʌ́ðər]

(명사) 어머니　(유의어) **mom, mommy** 엄마
It's **Mother**'s Day.　오늘은 어머니날이다.

father
[fάːðər]

(명사) 아버지　(유의어) **dad, daddy** 아빠
It's **Father**'s Day.　오늘은 아버지날이다.

018 • 019

grandmother
[grǽndmʌðər]

(명사) 할머니　(유의어) **grandma** 할머니
She is my **grandmother**.
그분은 우리 **할머니**이다.

grandfather
[grǽndfɑːðər]

(명사) 할아버지　(유의어) **grandpa** 할아버지
He is my **grandfather**.
그분은 우리 **할아버지**이다.
*grandparents 조부모

020 • 021

uncle
[ʌ́ŋkl]

(명사) 삼촌, 외삼촌, 고모부, 이모부
He is my **uncle**. 그는 우리 삼촌이야.

aunt
[ænt]

(명사) 고모, 이모, 숙모, 외숙모
She is my **aunt**. 그녀는 우리 이모야.

022 • 023

son
[sʌn]

(명사) 아들
My uncle has a **son**.
우리 삼촌은 아들이 하나 있어.

daughter
[dɔ́:tər]

(명사) 딸
My aunt has a **daughter**.
우리 고모는 딸이 하나 있어.

024 • 025

his
[hiz]

(형용사) 그의, 그 남자의   *he의 소유격
His name is James.
그의 이름은 제임스야.

her
[hər]

(형용사) 그녀의, 그 여자의   *she의 소유격
Her name is Nina.
그녀의 이름은 니나야.

026

family tree

가계도, 족보
This is my **family tree**.
이것은 우리 가계도야.

15

DAY 02

Daily Test

A 그림에 알맞은 단어와 우리말 뜻을 찾아 연결하세요.

1.  • • mother • • 아버지

2.  • • father • • 어머니

3.  • • parents • • 부모님

4.  • • his name • • 그녀의 이름

5.  • • her name • • 그의 이름

B 우리말 뜻에 맞게 주어진 글자를 바르게 배열하여 쓰세요.

1. 할머니   a n d m e o t h r g r   _____

2. 삼촌, 외삼촌   c l n e u   _____

3. 고모, 이모   n t a u   _____

4. 딸   d u a h t e r g   _____

5. 훌륭한, 대단한 t g r a e   _____

Picture Review

● 그림에 알맞은 단어나 표현을 골라 동그라미 한 후, 우리말 뜻과 함께 쓰세요.

1.
   grandmother | grandfather

2.
   parent | parents

3.
   uncle | aunt

4.
   son | daughter

5.
   great | father

6.
   uncle | aunt

7.
   his name | her name

8.
   grandparents | family tree

DAY 03

학습일: 월   일

Listen & Say 1 2 3

027 • 028

wake
[weik]

동사 (잠이) 깨다, 눈을 뜨다
I **wake** up. 나는 잠에서 깬다.
He **wakes** up. 그는 잠에서 깬다.
*wake up (잠에서) 깨다, 깨어나다

get up
[get ʌp]

동사 (잠자리에서) 일어나다
I **get up**. 나는 일어난다.
He **gets up**. 그는 일어난다.

029 • 030

early
[ə́ːrli]

형용사 이른, 빠른   부사 일찍, 빨리
early morning   이른 아침
I get up **early**.   나는 **일찍** 일어난다.

late
[leit]

형용사 늦은   부사 늦게
late morning   늦은 아침
He gets up **late**.   그는 **늦게** 일어난다.

031 • 032

song
[sɔ́ːŋ]

명사 노래
sing a **song**   노래를 부르다
He sings a **song**.   그는 **노래**를 부른다.

funny
[fʌ́ni]

형용사 웃기는, 재미있는
a **funny** song   웃기는 노래
He is very **funny**.   그는 아주 **재미있다**.

033 • 034

me
[mi]

[대명사] 나(를)　*I의 목적격

My brother likes **me**.　내 동생은 **나를** 좋아한다.
He plays ball with **me**.
그는 **나와** 함께 공놀이를 한다.

you
[ju]

[대명사] 너(를)　*you의 목적격

He likes **you**.　그는 **너를** 좋아한다.
He plays ball with **you**.
그는 **너와** 함께 공놀이를 한다.

035 • 036

bedtime
[bédtaim]

[명사] 잠잘 시간, 취침 시간

It's **bedtime**.　**잠잘 시간**이다.

dream
[dri:m]

[명사] 1. (자면서 꾸는) 꿈　2. (장래에 대한) 꿈
[동사] 꿈을 꾸다

Sweet **dreams**!　잘 자! / 좋은 꿈 꿔!
I **dream** at night.　나는 밤에 **꿈을 꾼다**.

037 • 038

kiss
[kis]

[명사] 키스, 입맞춤　[동사] 키스하다, 입맞추다

a good-night **kiss**　굿나잇 키스
Mom **kisses** me.　엄마는 내게 **뽀뽀를 해 준다**.

give
[giv]

[동사] 주다

give me a teddy bear　내게 곰 인형을 **주다**
Mom **gives** me a good-night kiss.
엄마는 내게 굿나잇 키스를 **해 준다**.

039

have a good night

(잠을) 잘 자다, 좋은 밤을 보내다

Have a good night, Mommy.
안녕히 주무세요, 엄마.
You **have a good night**.
(너도) 좋은 밤 보내. / (너도) 잘 자.

DAY 03 — Daily Test

A 그림에 알맞은 단어와 우리말 뜻을 찾아 연결하세요.

1. • • wake up • • 노래를 부르다

2. • • get up • • (잠에서) 깨다, 깨어나다

3. • • sing a song • • (잠자리에서) 일어나다

4. • • with me • • 너와 함께

5. • • with you • • 나와 함께

B 우리말 뜻에 맞게 주어진 글자를 바르게 배열하여 쓰세요.

1. 이른; 일찍   e y a r l   _____

2. 늦은; 늦게   t l a e   _____

3. 웃기는, 재미있는   f y u n n   _____

4. 잠잘 시간   d e b t m i e   _____

5. 꿈; 꿈을 꾸다   m d e r a   _____

Picture Review

● 그림에 알맞은 단어나 문장을 골라 동그라미 한 후, 우리말 뜻과 함께 쓰세요.

1.
   wake up | get up

2.
   bed | bedtime

3.
   dream | dive

4.
   kiss | give

5.
   early | late

6.
   with me | with you

7.
   early morning | late morning

8.
   Good morning. | Have a good night.

DAY 04

학습일: 월   일

Listen & Say ① ② ③

040 • 041

nice
[nais]

[형용사] 좋은, 멋진

It's a **nice** day.
(날씨가) **좋은** 날이다.

car
[kɑːr]

[명사] 차, 자동차

a nice **car**   멋진 **자동차**
He has a nice **car**.   그는 멋진 **차**를 가지고 있다.

042 • 043

wash
[waʃ]

[동사] 씻다, 세탁하다, 세척하다

We **wash** the car.   우리는 차를 **닦는다**(세차한다).
We **wash** our dog.   우리는 우리 개를 **씻긴다**.

walk
[wɔːk]

[동사] 1. 걷다   2. 산책하다, 산책시키다   [명사] 산책

We **walk** our dog.   우리는 우리 개를 **산책시킨다**.
Let's go for a **walk**.   **산책** 가자.

044 • 045

pool
[puːl]

[명사] 수영장   = swimming pool

They go to the **pool**.
그들은 **수영장**에 간다.

market
[máːrkit]

[명사] 시장

They go to the **market**.
그들은 **시장**에 간다.

046 • 047

fence
[fens]

[명사] 울타리, 담

paint the **fence**   울타리를 페인트칠하다
He paints the **fence**.   그는 울타리를 페인트칠한다.

fix
[fiks]

[동사] 고치다, 수리하다

fix the fence   울타리를 수리하다
He **fixes** the fence.   그는 울타리를 수리한다.

048 • 049

and
[ænd]

[접속사] ~와, 그리고

my uncle **and** I   우리 삼촌과 나
My uncle is tall **and** handsome.
우리 삼촌은 키가 크고 잘생겼다.

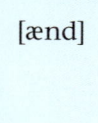

too
[tuː]

[부사] ~도 (또한)

Me, **too**!   나도!
I paint the fence, **too**.
나도 울타리를 페인트칠한다.

050 • 051

kind
[kaind]

[형용사] 친절한, 다정한

He is **kind**.
그는 친절하다.

really
[ríːəli]

[부사] 정말로, 진짜로

He is **really** kind.
그는 정말 친절하다.

052

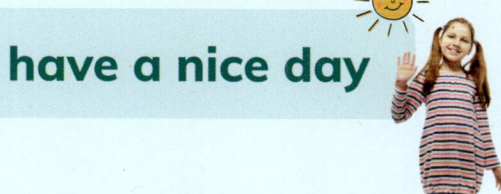

have a nice day

(기분) 좋은 하루를 보내다

Have a nice day!   좋은 하루 보내세요!
You **have a nice day**, too!   너도 즐겁게 보내!

DAY 04

Daily Test

A 그림에 알맞은 단어와 우리말 뜻을 찾아 연결하세요.

1.
2.
3.
4.
5.

- car
- walk
- pool
- wash
- fix

- 수영장
- 산책시키다
- 자동차
- 고치다, 수리하다
- 씻다, 세척하다

B 우리말 뜻에 맞게 주어진 글자를 바르게 배열하여 쓰세요.

1. 좋은, 멋진 — i c n e _____
2. 시장 — r m a t k e _____
3. 울타리, 담 — e f c e n _____
4. 친절한, 다정한 — n d k i _____
5. 정말로, 진짜로 — r e l l a y _____

Picture Review

● 그림에 알맞은 단어나 표현을 골라 동그라미 한 후, 우리말 뜻과 함께 쓰세요.

1.
wash | walk

2.
fence | fix

3.
kind | wash

4.
too | pool

5.
market | fix

6.
an old car | a nice car

7.
wash the car
wash the dog

8.
my uncle and I
my aunt and I

Review Test 01

DAY 01-04

A 다음 그림을 보고, 우리말에 해당하는 단어를 영어로 쓰세요.

1. (짧은) 여행 : _____
2. 방학, 휴가 : _____
3. 삼촌 : _____
4. 이모 : _____       
5. 다이빙하다 : _____
6. 꿈을 꾸다 : _____
7. (잠에서) 깨어나다 : _____ up
8. 산책을 가다 : go for a _____

B 그림에 알맞은 단어를 골라 동그라미 하세요.

1.  dolphin / whale

2.  colorful / coral

3.  scary / swim

4.  parent / parents

5.  son / daughter

6.  his / her

7.  give / kiss

8.  pool / sea

9.  fence / market

10.  bed / bedtime

C 그림을 보고, 빈칸에 알맞은 말을 넣으세요.

1. 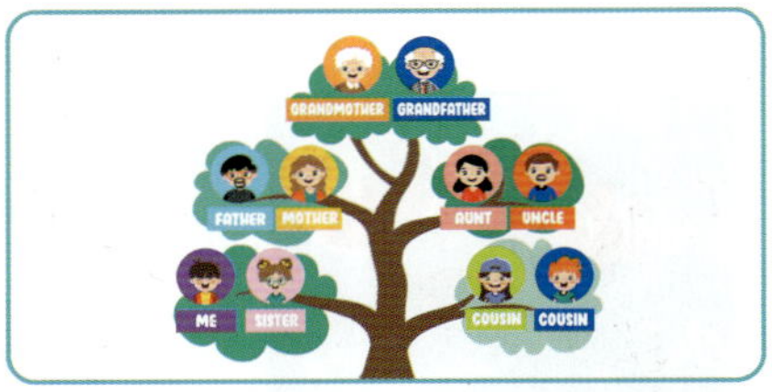 This is my _____.

2.  Look _____!

3.  Have a _____ day!

4.  Have a good _____!

D 우리말과 같은 뜻이 되도록 빈칸에 알맞은 단어를 넣으세요.

1. 날카로운 이빨   _____ teeth
2. 무서운 상어   a _____ shark
3. 세차하다   _____ the car
4. 울타리를 고치다   _____ the fence
5. 우리 할아버지와 나   my grandfather _____ I

E 주어진 단어와 반대의 뜻을 가진 단어를 <보기>에서 골라 쓰세요.

| early | get up | daughter |

1. late _____
2. son _____
3. go to bed _____

F 읽을 수 있는 단어에 체크한 후, 우리말 뜻을 빈칸에 써 보세요.

- ☐ vacation _____
- ☐ trip _____
- ☐ colorful _____
- ☐ dolphin _____
- ☐ whale _____
- ☐ shark _____
- ☐ sharp _____
- ☐ scary _____
- ☐ parents _____
- ☐ great _____
- ☐ uncle _____
- ☐ aunt _____
- ☐ son _____
- ☐ daughter _____
- ☐ his _____
- ☐ her _____

- ☐ wake _____
- ☐ get up _____
- ☐ early _____
- ☐ late _____
- ☐ bedtime _____
- ☐ dream _____
- ☐ kiss _____
- ☐ give _____
- ☐ nice _____
- ☐ wash _____
- ☐ pool _____
- ☐ market _____
- ☐ fence _____
- ☐ fix _____
- ☐ kind _____
- ☐ really _____

DAY 05

학습일:　　　월　　　일

Listen & Say 1 2 3

053 • 054

twin
[twin]

(명사) 쌍둥이 (중의 한 명)　*복수형 twins
They are **twins**.
그들은 쌍둥이이다.

both
[bouθ]

(형용사) 둘 다의, 양쪽의　(대명사) 둘 다, 양쪽 다
Both kids are boys.　두 아이 다 남자아이이다.
They **both** like apples.
그들은 둘 다 사과를 좋아한다.

055 • 056

together
[təgéðər]

(부사) 함께, 같이
They play **together**.
그들은 함께 논다.

always
[ɔ́:lweiz]

(부사) 항상, 늘, 언제나
They **always** play together.
그들은 항상 함께 논다.

057 • 058

story
[stɔ́:ri]

(명사) 이야기
read a funny **story**　재미있는 이야기를 읽다

nap
[næp]

(명사) 낮잠　(동사) 낮잠을 자다
take a **nap**　낮잠을 자다
They **nap**.　그들은 낮잠을 잔다.

059 · 060

party
[páːrti]

[명사] 파티, 모임

have a **party**   파티를 하다

birthday
[báːrθdèi]

[명사] 생일

They have a **birthday** party.
그들은 **생일** 파티를 한다.

061 · 062

present
[préznt]

[명사] 선물

a birthday **present**   생일 선물

thank
[θæŋk]

[동사] 감사하다, 고마워하다

Thank you.   고마워.
Thank you for coming.   와 줘서 고마워.

063 · 064

their
[ðɛər]

[형용사] 그들의, 그것들의   *they의 소유격

It's **their** birthday.
오늘은 **그들의** 생일이다.

our
[auər]

[형용사] 우리의, 우리들의   *we의 소유격

our school   우리 학교
They are **our** friends.   그들은 **우리들의** 친구이다.

065

every day

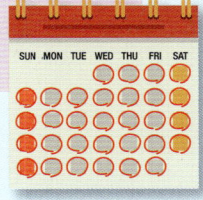

매일, 날마다

They play together **every day**.
그들은 **매일** 함께 논다.
She reads a book **every day**.
그녀는 **매일** 책을 읽는다.

DAY 05

Daily Test

A 그림에 알맞은 단어와 우리말 뜻을 찾아 연결하세요.

1.  • twins • 낮잠; 낮잠을 자다

2.  • party • 쌍둥이들

3.  • nap • 파티

4.  • our school • 그들의 생일

5.  • their birthday • 우리 학교

B 우리말 뜻에 맞게 주어진 글자를 바르게 배열하여 쓰세요.

1. 함께, 같이 — g e t o t h r e _____

2. 항상, 늘 — s w a y a l _____

3. 이야기 — r s y t o _____

4. 감사하다 — a n k t h _____

5. 생일 — i r d b a y t h _____

Picture Review

● 그림에 알맞은 단어나 표현을 골라 동그라미 한 후, 우리말 뜻과 함께 쓰세요.

1.
   our | their

2.
   both | party

3.
   story | present

4.
   together | thank

5.
   twin | twins

6.
   every | story

7.
   take a nap | have a party

8.
   every day | every night

DAY 06

학습일:　　월　　일

Listen & Say ① ② ③

066 • 067

child
[tʃaild]

명사 아이, 어린이　*복수형 children
유의어 kid 아이 (비격식)
a happy **child**　행복한 아이
happy **children**　행복한 어린이들

team
[tiːm]

명사 (스포츠 경기 등에서) 팀, 조
We are a **team**.
우리는 한 **팀**이다.

068 • 069

play
[plei]

동사 1. 놀다, (경기를) 하다　2. (악기를) 연주하다
play sports　운동을 하다, 스포츠를 하다
play the piano　피아노를 연주하다

player
[pléiər]

명사 선수
my favorite **player**　내가 가장 좋아하는 선수

070 • 071

soccer
[sákər]

명사 축구　*soccer ball 축구공
play **soccer**　축구를 하다
a **soccer** player　축구 선수

kick
[kik]

동사 (발로) 차다　명사 킥, 차기
kick a ball　공을 차다
a free **kick**　프리킥

baseball
[béisbɔ̀:l]

명사 1. 야구 2. 야구공

Do you like **baseball**? 너는 **야구**를 좋아하니?
I like to play **baseball**.
나는 **야구** 하는 것을 좋아한다.

basketball
[bǽskitbɔ̀:l]

명사 1. 농구 2. 농구공

Do they like **basketball**?
그들은 **농구**를 좋아하니?
They like to play **basketball**.
그들은 **농구** 하는 것을 좋아한다.

tennis
[ténis]

명사 테니스

Kate likes to play **tennis**.
케이트는 **테니스** 치는 것을 좋아한다.

badminton
[bǽdmintn]

명사 배드민턴

John likes to play **badminton**.
존은 **배드민턴** 치는 것을 좋아한다.

throw
[θrou]

동사 던지다 반의어 catch 받다, 잡다

throw a ball 공을 던지다

hit
[hit]

동사 치다, 때리다

hit a home run 홈런을 치다

play catch

캐치볼을 하다

I like to **play catch**. 나는 **캐치볼** 하기를 좋아한다.
My sister likes to **play catch**, too.
내 여동생도 **캐치볼** 하기를 좋아한다.

DAY 06

Daily Test

A 그림에 알맞은 단어와 우리말 뜻을 찾아 연결하세요.

1. child — 팀, 조
2. team — 아이, 어린이
3. hit — 축구를 하다
4. play soccer — 치다, 때리다
5. play tennis — 테니스를 치다

B 우리말 뜻에 맞게 주어진 글자를 바르게 배열하여 쓰세요.

1. 선수 — p e r l a y
2. 야구, 야구공 — b l l a s e b a
3. 농구, 농구공 — b s a k e l l t b a
4. 배드민턴 — m i b n a t o n d
5. 던지다 — r o t h w

Picture Review

● 그림에 알맞은 단어나 표현을 골라 동그라미 한 후, 우리말 뜻과 함께 쓰세요.

1.
play | player

2.
basket | basketball

3.
baseball | badminton

4.
throw | catch

5.
team | tennis

6.
hit a ball | kick a ball

7.
a baseball player | a soccer player

8.
play soccer | play catch

DAY 07

학습일:　　　월　　　일

Listen & Say ① ② ③

079 • 080

hop
[hɑp]

동사 깡충깡충 뛰다　유의어 **jump** 뛰어오르다
I'm **hopping**.
나는 깡충깡충 뛰고 있어.

climb
[klaim]

동사 오르다, 올라가다
I'm **climbing** the tree.
나는 나무를 오르고 있어.

081 • 082

caterpillar
[kǽtərpìlər]

명사 애벌레
Look at the **caterpillar**.
저 애벌레를 봐.

crawl
[krɔːl]

동사 기다, 기어가다
It is **crawling**.　그것은 기어가고 있어.
The baby is **crawling**.　아기가 기고 있어.

083 • 084

high
[hai]

형용사 높은　부사 높이, 높게
a **high** mountain　높은 산
The bird is flying **high**.　새가 높이 날고 있어.

low
[lou]

형용사 낮은　부사 낮게, 아래로
a **low** hill　낮은 언덕
The plane is flying **low**.
비행기가 낮게 날고 있어.

085 • 086

him
[hɪm]

(대명사) 그를   *he의 목적격

I like **him**. 나는 그를 좋아해.
Do you see **him**? 그가 보이니?

her
[hər]

(대명사) 그녀를   *she의 목적격

I like **her**. 나는 그녀를 좋아해.
Do you see **her**? 그녀가 보이니?

087 • 088

fly
[flaɪ]

(동사) 1. 날다   2. (연 등을) 날리다, 조종하다

They are **flying** a kite.
그들은 연을 날리고 있어.

ride
[raɪd]

(동사) (탈것 등을) 타다   (명사) 타기

We are **riding** on the roller coaster.
우리는 롤러코스터를 타고 있어.

089 • 090

excited
[iksáitid]

(형용사) 신이 난, 들뜬

I'm **excited**.
나는 신이 난다.

scared
[skɛərd]

(형용사) 무서워하는, 겁먹은

I'm **scared**.
나는 무섭다.

091

놀이공원

We go to the **amusement park**.
우리는 놀이공원에 간다.
We are at the **amusement park**.
우리는 놀이공원에 있다.

DAY 07

Daily Test

A 그림에 알맞은 단어와 우리말 뜻을 찾아 연결하세요.

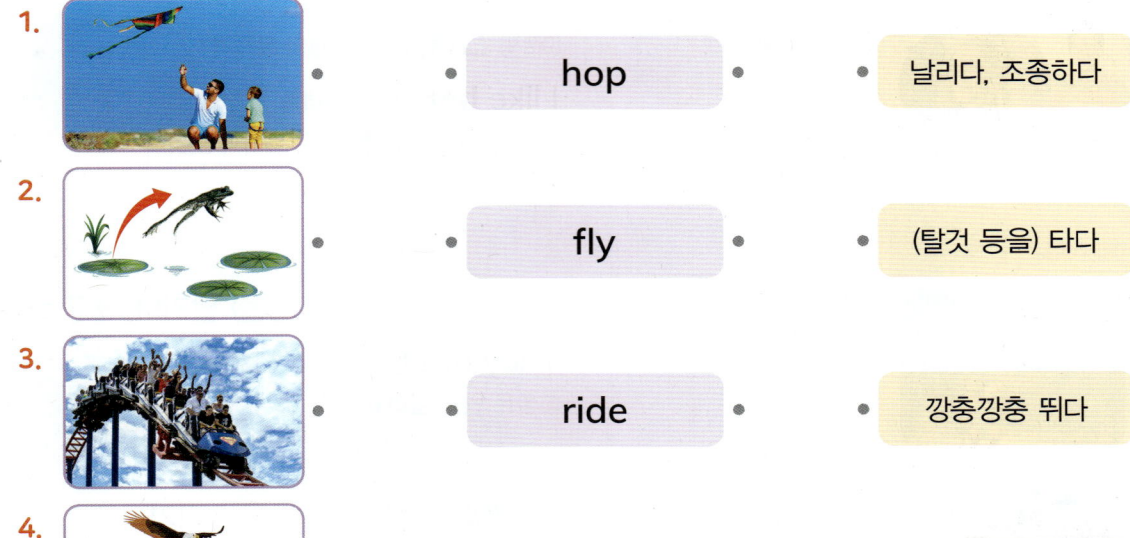

1. • — • hop • — • 날리다, 조종하다
2. • — • fly • — • (탈것 등을) 타다
3. • — • ride • — • 깡충깡충 뛰다
4. • — • high • — • 낮은; 낮게
5. • — • low • — • 높은; 높이

B 우리말 뜻에 맞게 주어진 글자를 바르게 배열하여 쓰세요.

1. 애벌레 — llpicaarter — _____
2. 기다, 기어가다 — awcrl — _____
3. 오르다, 올라가다 — cmlib — _____
4. 신이 난, 들뜬 — xeciedt — _____
5. 무서워하는, 겁먹은 — arsced — _____

Picture Review

● 그림에 알맞은 단어나 문장을 골라 동그라미 한 후, 우리말 뜻과 함께 쓰세요.

1.
crawl | climb

2.
ride | climb

3.
excited | scared

4.
zoo | amusement park

5.
a low hill | a high mountain

6.
fly high | fly low

7.
I like him. | I like her.

8.
I'm excited. | I'm scared.

DAY 08

학습일:　　월　　일

Listen & Say 1 2 3

092 • 093

home
[houm]

(명사) (가족이 함께 사는) 집, 가정

People have **homes**. 사람들은 **집**이 있다.
Animals have **homes**, too. 동물들도 **집**이 있다.

place
[pleis]

(명사) 장소, 곳

Animals live in many **places**.
동물은 많은 **곳**에서 산다.

094 • 095

forest
[fɔ́ːrist]

(명사) 숲

Bears live in **forests**.
곰들은 **숲**에서 산다.

rainforest
[réinfɔːrist]

(명사) (열대) 우림　= rain forest

the Amazon **rainforest** 아마존 열대 우림
Many animals live in **rainforests**.
많은 동물들은 **열대 우림**에서 산다.

096 • 097

grassland
[grǽslænd]

(명사) 초원(지대)
(명사) grass 풀, 잔디　(명사) land 땅, 지역

Giraffes live in **grasslands**.
기린들은 **초원지대**에서 산다.

jungle
[dʒʌ́ŋgl]

(명사) 밀림(지대), 정글

Monkeys live in **jungles**.
원숭이들은 **밀림**에서 산다.

098 • 099

camel
[kǽməl]

(명사) 낙타

Where do **camels** live?
낙타는 어디에서 사니?

desert
[dézərt]

(명사) 사막

Camels live in **deserts**.
낙타는 **사막**에서 산다.

100 • 101

nest
[nest]

(명사) (새의) 둥지

Birds make **nests**.
새들은 둥지를 만든다.

web
[web]

(명사) 거미줄, 거미집   *the Web (인터넷) 웹

Spiders make **webs**.
거미들은 **거미집**을 만든다.

102 • 103

plant
[plænt]

(명사) 식물

Where do **plants** live?
식물은 어디에 사나요?

everywhere
[évriwɛər]

(부사) 모든 곳에, 어디에나

Plants live **everywhere**.
식물은 어디에나 살아요.

Plants are **everywhere**.
식물은 어디에나 있어요.

104

ocean animals

해양 동물들, 바다에 사는 동물들
= sea animals

Sea turtles are **ocean animals**.
바다거북은 **해양 동물**이다.

Ocean animals live in the ocean.
해양 동물들은 바다에서 산다.

DAY 08

Daily Test

A 그림에 알맞은 단어와 우리말 뜻을 찾아 연결하세요.

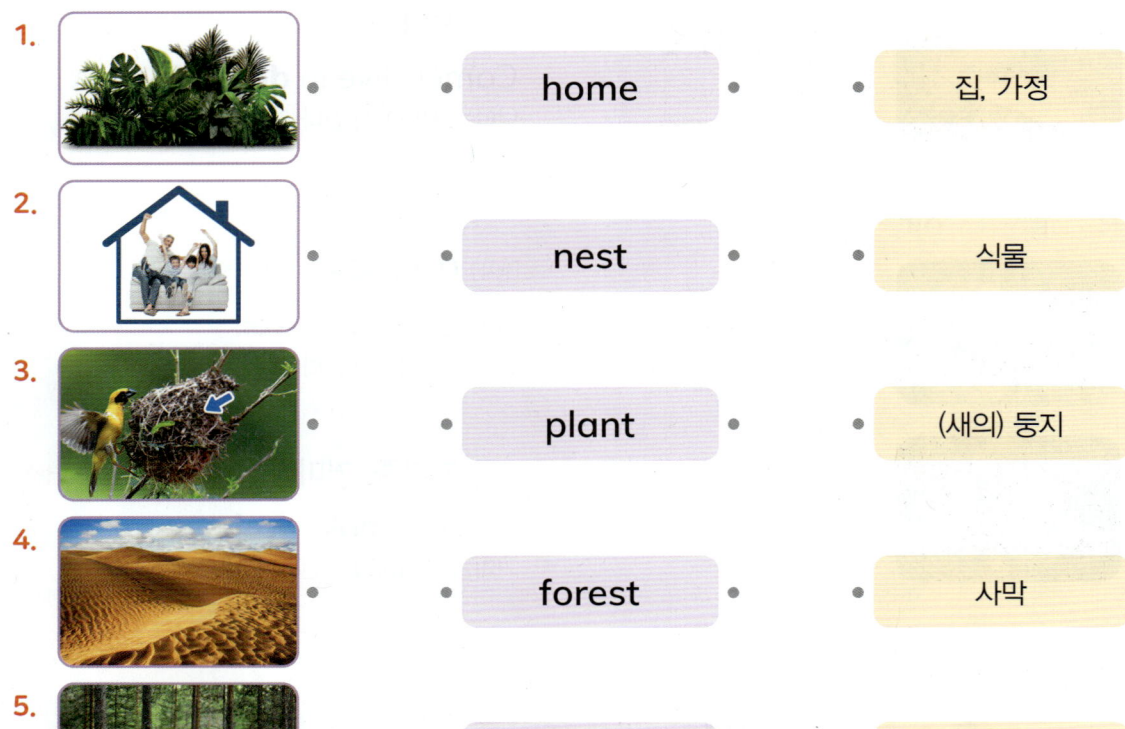

B 우리말 뜻에 맞게 주어진 글자를 바르게 배열하여 쓰세요.

1. 장소, 곳 — e c a p l _____
2. 열대 우림 — i n f o r a t r s e _____
3. 초원(지대) — n d a s s l a g r _____
4. 낙타 — m e c a l _____
5. 모든 곳에, 어디에나 — e r y v e w h e e r _____

Picture Review

● 그림에 알맞은 단어나 표현을 골라 동그라미 한 후, 우리말 뜻과 함께 쓰세요.

1.
bird | nest

2.
spider | web

3.
camel | desert

4.
bear | forest

5.
plant | animal

6.
jungle | grassland

7.
farm animals
ocean animals

8.
live in rainforests
live in grasslands

DAY 05-08 **Review Test 02**

A 다음 그림을 보고, 우리말에 해당하는 단어를 영어로 쓰세요.

1. 선수 : _____
2. 농구 : _____
3. 축구 : _____
4. 야구 : _____
5. 올라가다 : _____
6. 연을 날리다 : _____ a kite
7. 신이 난 : _____
8. 무서워하는 : _____

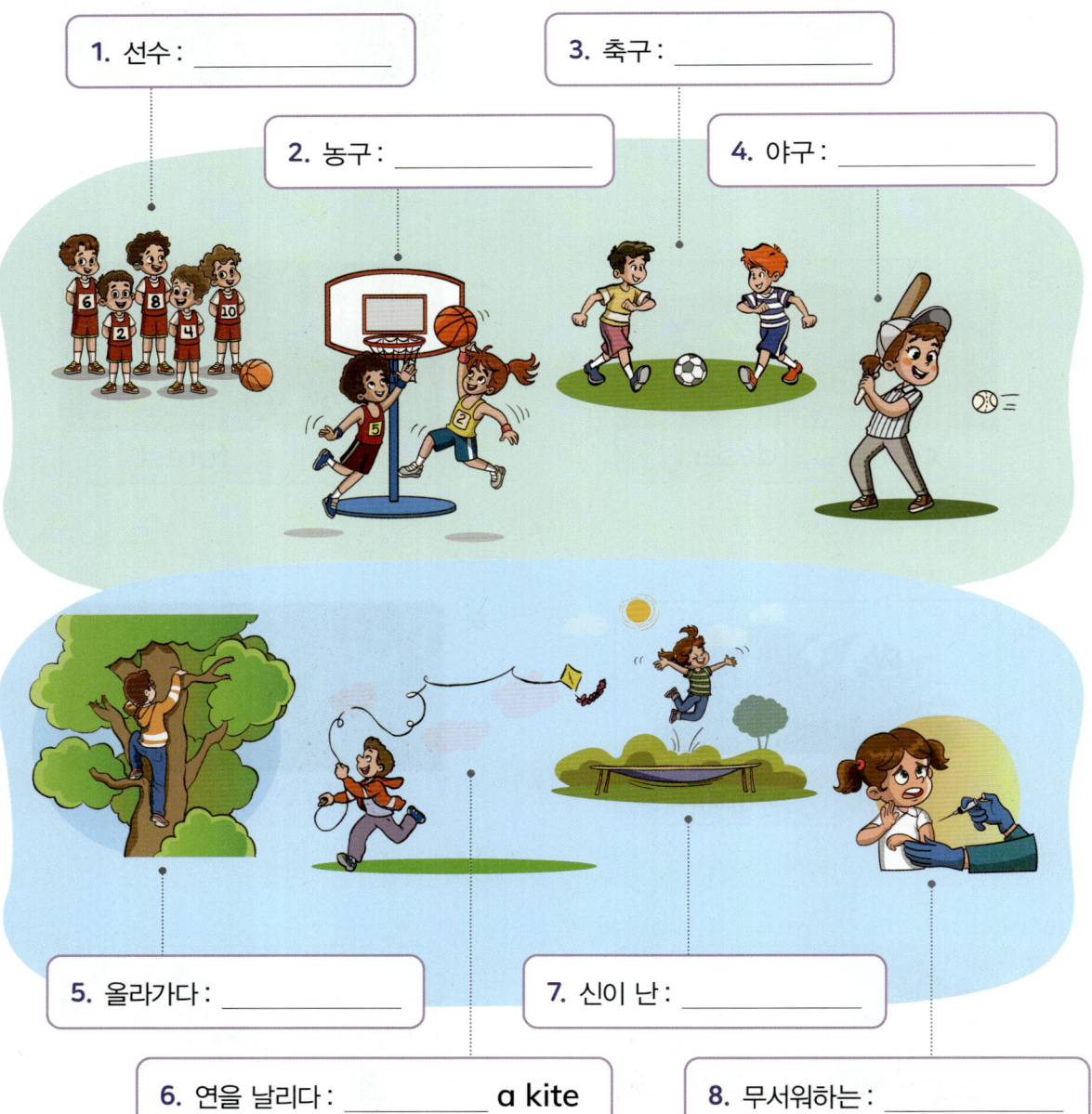

B 그림에 알맞은 단어를 골라 동그라미 하세요.

1.  twins / team

2.  tennis / badminton

3.  nap / map

4.  kick / throw

5.  run / hop

6.  present / player

7.  ride / fly

8.  high / low

9.  caterpillar / camel

10.  web / nest

C 그림을 보고, 빈칸에 알맞은 말을 넣으세요.

1. I like to play _____.
2. He likes to _____ the tree.
3. The baby is _____.
4. The bird is _____.

D 우리말과 같은 뜻이 되도록 빈칸에 알맞은 단어를 넣으세요.

1. 함께 놀다   play _____
2. 테니스를 치다   _____ tennis
3. 홈런을 치다   _____ a home run
4. 행복한 어린이들 happy _____
5. 사막에서 살다   live in _____

E 주어진 단어와 반대의 뜻을 가진 단어를 <보기>에서 골라 쓰세요.

| fly high | throw | plant |

1. animal   _____
2. fly low _____
3. catch   _____

F 읽을 수 있는 단어에 체크한 후, 우리말 뜻을 빈칸에 써 보세요.

- [ ] twin _____
- [ ] both _____
- [ ] together _____
- [ ] always _____
- [ ] story _____
- [ ] party _____
- [ ] birthday _____
- [ ] present _____
- [ ] child _____
- [ ] team _____
- [ ] soccer _____
- [ ] kick _____
- [ ] baseball _____
- [ ] basketball _____
- [ ] badminton _____
- [ ] throw _____

- [ ] hop _____
- [ ] climb _____
- [ ] caterpillar _____
- [ ] crawl _____
- [ ] fly _____
- [ ] ride _____
- [ ] excited _____
- [ ] scared _____
- [ ] home _____
- [ ] place _____
- [ ] forest _____
- [ ] grassland _____
- [ ] camel _____
- [ ] desert _____
- [ ] web _____
- [ ] plant _____

DAY 09

학습일:　　월　　일

Listen & Say 1 2 3

105 • 106

fairy
[fɛ́əri]

명사 (이야기 속의) 요정
the tooth **fairy**　이빨 요정

tale
[teil]

명사 이야기, 소설　유의어 **story** 이야기
a fairy **tale**　동화, 옛날이야기

107 • 108

prince
[prins]

명사 왕자
The Little **Prince**　어린 왕자
Prince William　윌리엄 왕자

princess
[prínses]

명사 공주
Princess Jasmine　자스민 공주
The **princess** is dancing with Aladdin.
공주는 알라딘과 춤을 추고 있다.

109 • 110

witch
[witʃ]

명사 마녀
a **witch** hat　마녀 모자
She is a **witch**.　그녀는 마녀이다.

wizard
[wízərd]

명사 마법사
The **Wizard** of OZ　오즈의 마법사
He is a **wizard**.　그는 마법사이다.

111 · 112

put on
[put ən]

동사 (옷, 모자 등을) 입다, 걸치다, 쓰다
*(입는) 동작에 초점

Put on the witch hat. 마녀 모자를 써라.
She is **putting on** a black hat.
그녀는 검은 모자를 쓰는 중이다.

wear
[wɛər]

동사 입고[신고, 쓰고, 끼고] 있다
*(입고 있는) 상태에 초점

She is **wearing** a black hat.
그녀는 검은 모자를 쓰고 있다.

113 · 114

shirt
[ʃəːrt]

명사 셔츠

He is wearing a white **shirt**.
그는 흰 셔츠를 입고 있다.

dress
[dres]

명사 드레스, 원피스
동사 옷을 입다, (특정한) 옷차림을 하다

She is wearing a black **dress**.
그녀는 검은 드레스를 입고 있다.
Dress warmly. 따뜻하게 입어라.

115 · 116

ghost
[goust]

명사 유령, 귀신

a **ghost** story 유령 이야기
Halloween **ghosts** 핼러윈 귀신들

monster
[mánstər]

명사 괴물

Halloween **monsters** 핼러윈 괴물들

117

dress up

옷을 차려입다, 분장하다

dress up for a party 파티를 위해 옷을 차려입다
Kids are **dressing up** for Halloween.
아이들은 핼러윈을 위해 분장하고 있다.

DAY 09

Daily Test

A 그림에 알맞은 단어와 우리말 뜻을 찾아 연결하세요.

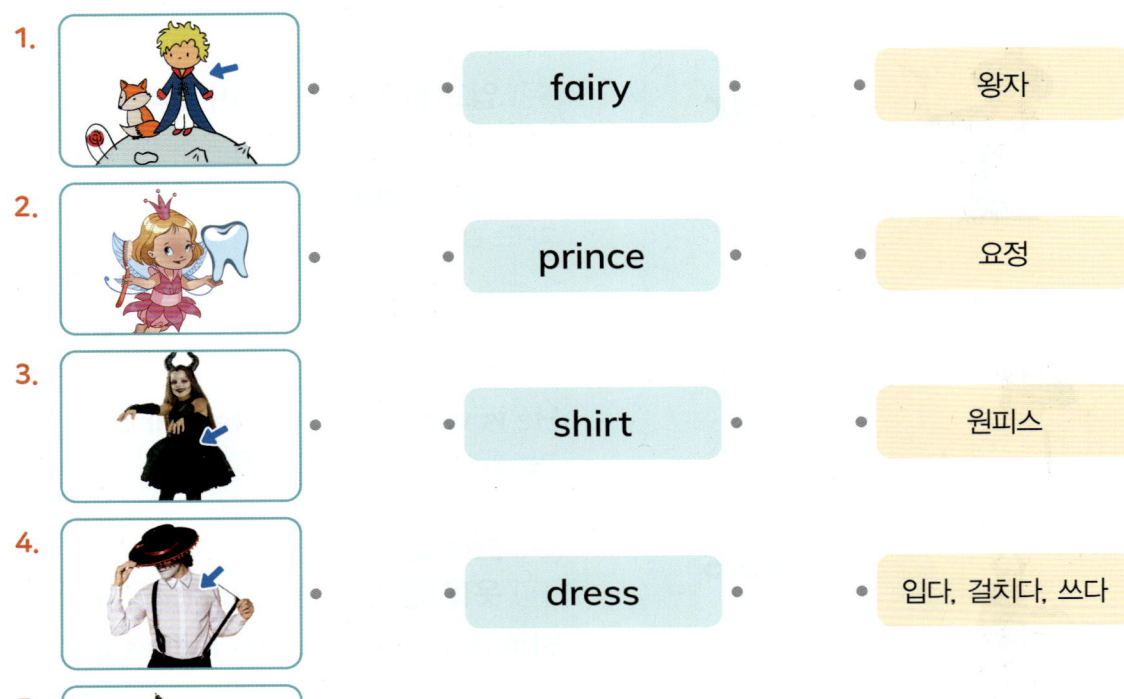

B 우리말 뜻에 맞게 주어진 글자를 바르게 배열하여 쓰세요.

1. 공주   i n c e p r s s   _____
2. 마녀   t w i c h   _____
3. 마법사   z a w r d i   _____
4. 귀신   g h s t o   _____
5. 괴물   n o m t s e r   _____

Picture Review

● 그림에 알맞은 단어나 표현을 골라 동그라미 한 후, 우리말 뜻과 함께 쓰세요.

1.
prince | princess

2.
witch | wizard

3.
ghost | fairy

4.
monster | prince

5.
princess | witch

6.
put on | get up

7.
ghost story | fairy tale

8.
wear a shirt | dress up for Halloween

DAY 10

학습일:　　월　　일

Listen & Say ① ② ③

118 • 119

this
[ðis]

[형용사] 이　[대명사] 이것

this T-shirt　이 티셔츠
This is a new T-shirt.　이것은 새 티셔츠이다.

these
[ðiːz]

[형용사] 이　[대명사] 이것들　*this의 복수형

these T-shirts　이 티셔츠들
These are new T-shirts.　이것들은 새 티셔츠이다.

120 • 121

that
[ðæt]

[형용사] 저　[대명사] 저것

that cap　저 모자
I like **that** cap.　나는 저 모자가 좋다.

those
[ðouz]

[형용사] 저　[대명사] 저것들　*that의 복수형

those caps　저 모자들
I like **those** caps.　나는 저 모자들이 맘에 든다.

122 • 123

shoe
[ʃuː]

[명사] 신발 (한 짝)　*복수형 shoes

I don't like these **shoes**.
나는 이 **신발**이 맘에 들지 않는다.

sock
[sak]

[명사] 양말 (한 짝)　*복수형 socks

I don't like these **socks**.
나는 이 **양말**이 맘에 들지 않는다.

124 • 125

pants
[pænts]

명사 바지 *항상 복수형으로 사용

Put on these new **pants**.
이 새 **바지**를 입어라.

shorts
[ʃɔːrts]

명사 반바지 *항상 복수형으로 사용

Put on these new **shorts**.
이 새 **반바지**를 입어라.

126 • 127

try
[trai]

동사 1. 노력하다 2. 시도하다, 해 보다

Try again. 다시 해 봐.
Try on this shirt. 이 셔츠를 입어 봐.
*try on ~을 입어 보다

too
[tuː]

부사 너무 (~한)

It is **too** big. 그것은 너무 크다.
They are **too** small. 그것들은 너무 작다.

128 • 129

grow
[grou]

동사 자라다, 크다

Children **grow** every day.
아이들은 매일 **자란다**.

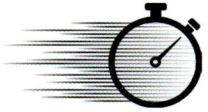

quickly
[kwíkli]

부사 빨리, 빠르게

Children grow so **quickly**.
아이들은 정말 **빨리** 자란다.

130

just right

딱 알맞은, 딱 좋은

It is **just right**. 이것은 딱 알맞다.
They are **just right**. 그것들은 딱 좋다.

DAY 10

Daily Test

A 그림에 알맞은 단어와 우리말 뜻을 찾아 연결하세요.

1. 　·　　·　these　·　　·　저것들

2. 　·　　·　those　·　　·　이것들

3. 　·　　·　try　·　　·　시도하다, 해 보다

4. 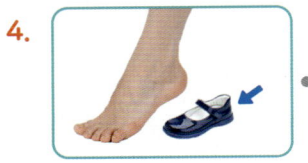　·　　·　too big　·　　·　너무 작은

5. 　·　　·　too small　·　　·　너무 큰

B 우리말 뜻에 맞게 주어진 글자를 바르게 배열하여 쓰세요.

1. 신발 (두 짝)　　s o e s h　　_____

2. 바지　　t p s a n　　_____

3. 반바지　　o r s h t s　　_____

4. 빨리　　c k q u l y i　　_____

5. 자라다, 크다　　o g r w　　_____

Picture Review

● 그림에 알맞은 단어나 표현을 골라 동그라미 한 후, 우리말 뜻과 함께 쓰세요.

1.
   this | that

2.
   these | those

3.
   shoes | socks

4.
   short | shorts

5.
   pant | pants

6.
   this sock | these socks

7.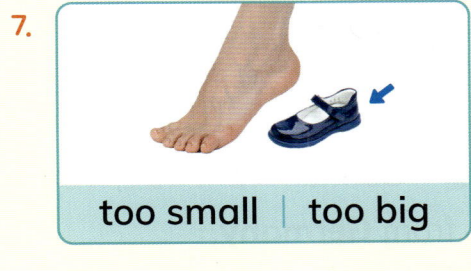
   too small | too big

8.
   so quickly | just right

DAY 11

학습일: 월   일

Listen & Say 1 2 3

131 • 132

country
[kʌ́ntri]

명사 국가, 나라
There are many **countries**.
많은 **나라들**이 있다.

from
[frəm]

전치사 1. ~에서(부터) 2. ~에서 온, ~ 출신의
from Seoul to Paris   서울**에서** 파리까지
Where are you **from**?   어디에서 오셨어요?

133 • 134

America
[əmérikə]

명사 미국   = the USA, the U.S.
*American 미국의; 미국인
I am from **America**.
저는 **미국**에서 왔어요.

Canada
[kǽnədə]

명사 캐나다   *Canadian 캐나다의; 캐나다인
I'm from **Canada**.
저는 **캐나다**에서 왔어요.

135 • 136

England
[íŋglənd]

명사 1. 영국 2. 잉글랜드 (영국의 구성국 중 하나)
*English 영국의, 영국 사람의; 영어
He is from **England**.
그는 **영국[잉글랜드]**에서 왔다.

Germany
[dʒə́ːrməni]

명사 독일   *German 독일의; 독일인, 독일어
She is from **Germany**.
그녀는 **독일**에서 왔다.

137 • 138

Italy
[ítəli]

명사 이탈리아
*Italian 이탈리아의; 이탈리아인, 이탈리아어

We are from **Italy**.
우리는 **이탈리아**에서 왔다.

France
[fræns]

명사 프랑스 *French 프랑스의; 프랑스인, 프랑스어

They are from **France**.
그들은 **프랑스**에서 왔다.

139 • 140

Korea
[kəríːə]

명사 한국 = South Korea
*Korean 한국의; 한국인, 한국어

I'm from **Korea**.
저는 **한국**에서 왔어요.

Japan
[dʒəpǽn]

명사 일본 *Japanese 일본의; 일본인, 일본어

Are you from **Japan**?
당신은 **일본**에서 왔나요?

141 • 142

China
[tʃáinə]

명사 중국 *Chinese 중국의; 중국인, 중국어

Is he from **China**?
그는 **중국** 출신인가요?

India
[índiə]

명사 인도 *Indian 인도의; 인도인

Is she from **India**?
그녀는 **인도** 출신인가요?

143

be from

~에서 오다, ~ 출신이다 = come from

He **is from** Mexico. 그는 멕시코 출신이다.
They **are from** Vietnam.
그들은 베트남 출신이다.

DAY 11

Daily Test

A 그림에 알맞은 단어와 우리말 뜻을 찾아 연결하세요.

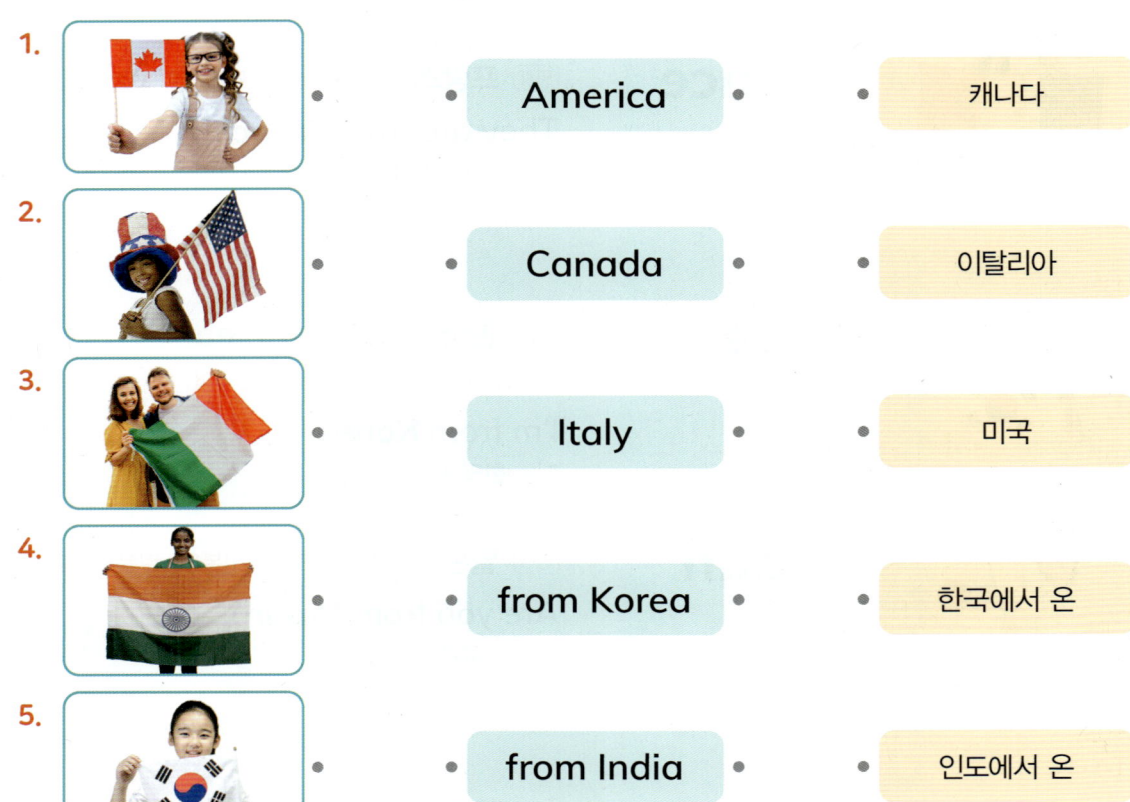

B 우리말 뜻에 맞게 주어진 글자를 바르게 배열하여 쓰세요.

1. 국가, 나라 — o u c n t r y _____
2. 영국, 잉글랜드 — l a E n g n d _____
3. 독일 — G m a n y e r _____
4. 프랑스 — a n F r e c _____
5. 일본 — p a J a n _____

Picture Review

● 그림에 알맞은 단어나 문장을 골라 동그라미 한 후, 우리말 뜻과 함께 쓰세요.

1.
Canada | China

2.
Italy | India

3.
England | America

4.
France | Germany

5.
Japan | China

6.
America | France

7.
from Germany | from France

8.
He is from Canada. | He is from America.

DAY 12

학습일:　　월　　일

Listen & Say 1 2 3

144 • 145

build
[bild]

[동사] (건물을) 짓다, 세우다
build a house　집을 짓다

sandcastle
[sǽndkæsl]

[명사] 모래성　[명사] **sand** 모래　[명사] **castle** 성
build a **sandcastle**　모래성을 쌓다

146 • 147

straw
[strɔː]

[명사] 1. 짚, 지푸라기 2. 빨대
a **straw** house　초가집
One pig builds a **straw** house.
한 돼지는 초가집을 짓는다.

stick
[stik]

[명사] 막대기, (부러진) 나뭇가지
a **stick** house　나무집
One pig builds a **stick** house.
한 돼지는 나무집을 짓는다.

148 • 149

brick
[brik]

[명사] 벽돌
a **brick** house　벽돌집
One pig builds a **brick** house.
한 돼지는 벽돌집을 짓는다.

mud
[mʌd]

[명사] 진흙
a **mud** house　흙집

150 • 151

stone
[stoun]

(명사) 돌, 석조

It is made of **stone**.
그것은 돌로 만들어진다.

wood
[wud]

(명사) 나무, 목재   *tree (살아 있는) 나무

It is made of **wood**.
그것은 목재로 만들어진다.

152 • 153

Mr.
[místər]

(명사) ~ 씨, ~ 님, ~ 귀하
*남성의 성 앞에 붙이는 호칭

Mr. White 화이트 씨, 화이트 선생님
Mr. White lives in a mud house.
화이트 씨는 흙집에 산다.

Mrs.
[mísiz]

(명사) ~ 부인, ~ 여사, ~ 님
*기혼 여성의 (남편) 성 앞에 붙이는 호칭

Mrs. Brown 브라운 부인, 브라운 선생님
Mrs. Brown lives in a brick house.
브라운 선생님은 벽돌집에 산다.

154 • 155

fireplace
[fáiərpleis]

(명사) 벽난로

The house has a **fireplace**.
그 집에는 벽난로가 있다.

chimney
[tʃímni]

(명사) 굴뚝

The house has a **chimney**.
그 집에는 굴뚝이 있다.

156

be made of

~으로 만들어지다   *make 만들다

Igloos **are made of** snow.
이글루는 눈으로 만들어진다.
A sandcastle **is made of** sand.
모래성은 모래로 만들어진다.

DAY 12 — Daily Test

A 그림에 알맞은 단어와 우리말 뜻을 찾아 연결하세요.

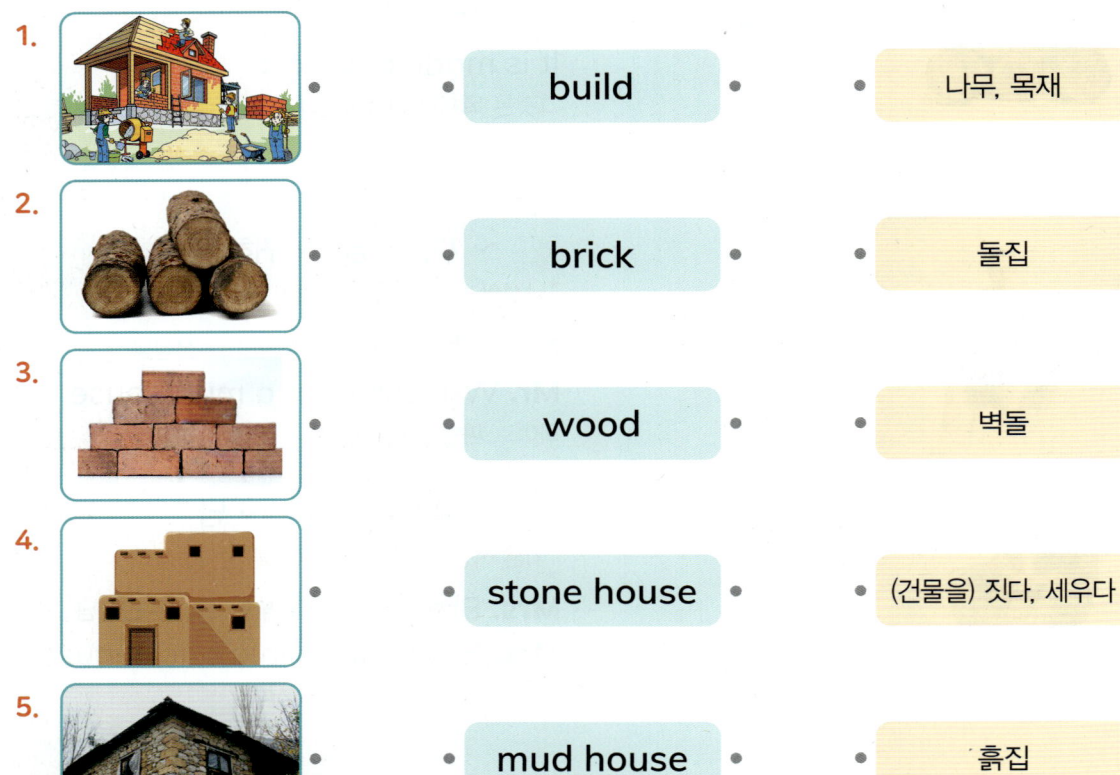

B 우리말 뜻에 맞게 주어진 글자를 바르게 배열하여 쓰세요.

1. 모래성 — n d s a s t c a l e _____
2. 짚, 지푸라기 — r w a s t _____
3. 막대기, 나뭇가지 — t i s c k _____
4. 벽난로 — r e f i p l c a e _____
5. 굴뚝 — i m n e y c h _____

Picture Review

● 그림에 알맞은 단어나 문장을 골라 동그라미 한 후, 우리말 뜻과 함께 쓰세요.

1.
   wood | mud

2.
   sand | sandcastle

3.
   fire | fireplace

4.
   Mr. Brown | Mrs. Brown

5.
   stick house | straw house

6.
   brick house | stick house

7.
   build a stick house | build a stone house

8.
   It's made of stone. | It's made of wood.

Review Test 03

DAY 09-12

A 다음 그림을 보고, 우리말에 해당하는 단어를 영어로 쓰세요.

1. 동화 : _____ tale
2. 괴물 : _____

3. 공주 : _____
4. 왕자 : _____
5. 마법사 : _____

6. 초가집 : _____ house
7. 나무집 : _____ house
8. 벽돌집 : _____ house

B 그림에 알맞은 단어를 골라 동그라미 하세요.

1.  shirt / dress
2.  monster / ghost
3.  this / these
4.  that / those
5.  shoes / socks
6.  shorts / pants
7.  America / Italy
8.  France / Germany
9.  wood / mud
10.  sandcastle / stone house

C 그림을 보고, 빈칸에 알맞은 말을 넣으세요.

1. _____ on the hat.

2. She is _____ a dress.

3. She is from _____.

4. It is made of _____.

D 우리말과 같은 뜻이 되도록 빈칸에 알맞은 단어를 넣으세요.

1. 핼러윈을 위해 분장하다   _____ up for Halloween
2. 서울에서 파리까지   _____ Seoul to Paris
3. 새 신발을 신어 보다   _____ on new shoes
4. 아주 빨리 자라다   grow so _____
5. 집을 짓다   _____ a house

E 주어진 단어와 반대의 뜻을 가진 단어를 <보기>에서 골라 쓰세요.

| witch | princess | too small |

1. wizard   _____
2. too big   _____
3. prince   _____

F 읽을 수 있는 단어에 체크한 후, 우리말 뜻을 빈칸에 써 보세요.

- [ ] fairy _____
- [ ] tale _____
- [ ] witch _____
- [ ] wizard _____
- [ ] put on _____
- [ ] wear _____
- [ ] ghost _____
- [ ] monster _____
- [ ] these _____
- [ ] those _____
- [ ] shoes _____
- [ ] socks _____
- [ ] pants _____
- [ ] shorts _____
- [ ] try _____
- [ ] quickly _____

- [ ] country _____
- [ ] America _____
- [ ] England _____
- [ ] Germany _____
- [ ] Korea _____
- [ ] Japan _____
- [ ] China _____
- [ ] India _____
- [ ] build _____
- [ ] sandcastle _____
- [ ] stone _____
- [ ] wood _____
- [ ] Mr. _____
- [ ] Mrs. _____
- [ ] fireplace _____
- [ ] chimney _____

DAY 13

학습일:　　월　　일

Listen & Say 1 2 3

157 • 158

messy [mési]

[형용사] 지저분한, 엉망인　[유의어] **dirty** 더러운
The room is **messy**.
방이 **지저분하다**.

clean [kliːn]

[형용사] 깨끗한　[동사] (깨끗이) 닦다, 청소하다
a **clean** room　깨끗한 방
Let's **clean** up the room.　방을 치우자.
*clean up (~을) 치우다, 청소하다

159 • 160

sofa [sóufə]

[명사] 소파, 긴 안락의자　= **couch**
Clean the **sofa**.
소파를 청소해라.

lamp [læmp]

[명사] 램프, 등
Clean the table **lamp**.
테이블 **램프**(전기 스탠드)를 닦아라.

161 • 162

sink [siŋk]

[명사] (부엌) 싱크대, 개수대
She is cleaning the **sink**.
그녀는 **싱크대**를 닦고 있다.

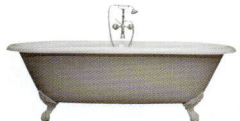

bathtub [bǽθtəb]

[명사] 욕조　= **bath**
He is cleaning the **bathtub**.
그는 **욕조**를 닦고 있다.

163 • 164

floor
[flɔːr]

명사 (방)바닥, 마루

The **floor** is dirty.
바닥이 더럽다.

rug
[rʌg]

명사 (바닥에 까는) 깔개, 러그
유의어 **carpet** 카펫, 양탄자

a dirty **rug**   더러운 깔개
Clean the **rug**.   러그를 청소해라.

165 • 166

curtain
[kə́ːrtn]

명사 커튼

The **curtains** are dirty.
커튼이 더럽다.

clothes
[klouz]

명사 옷, 의복 *항상 복수형으로 사용
명사 **cloth** 옷감, 천

dirty **clothes**   더러워진 옷, 빨래감
Wash the **clothes**.   옷을 빨아라. / 빨래를 해라.

167 • 168

backyard
[bǽkjɑrd]

명사 뒷마당, 뒤뜰
명사 **back** 뒤, 뒷면 명사 **yard** 마당, 뜰

The house has a **backyard**.
그 집은 **뒤뜰**이 있다.

garage
[gərάːdʒ]

명사 차고

The house has a **garage**.
그 집에는 **차고**가 있다.

169

garage sale

(차고에서 하는) 차고 세일, 중고물품 세일

have a **garage sale**   차고 세일을 하다
They are having a **garage sale**.
그들은 차고 세일을 하고 있다.

DAY 13

Daily Test

A 그림에 알맞은 단어와 우리말 뜻을 찾아 연결하세요.

1.
2.
3.
4.
5.

- messy — 바닥, 마루
- clean — 지저분한
- lamp — 깨끗한
- floor — 램프, 등
- rug — 깔개

B 우리말 뜻에 맞게 주어진 글자를 바르게 배열하여 쓰세요.

1. 욕조 — a h t t u b b _____
2. 커튼 — u c r i n t a _____
3. 옷, 의복 — c l e s o t h _____
4. 뒷마당 — a c k b d y a r _____
5. 차고 — g a g e r a _____

Picture Review

● 그림에 알맞은 단어나 표현을 골라 동그라미 한 후, 우리말 뜻과 함께 쓰세요.

1.
clean | messy

2.
sofa | sink

3.
floor | rug

4.
window | curtain

5.
garage | backyard

6.
dirty clothes | clean clothes

7.
clean the sink | clean the bathtub

8.
garage sale | backyard sale

DAY 14

학습일:　　　월　　　일

Listen & Say 1 2 3

170 • 171

television
[téləvìʒən]

[명사] 텔레비전　= TV

There is a **television**.
텔레비전이 있다.

watch
[watʃ]

[동사] 보다, 지켜보다　[명사] 손목시계

Kids are **watching** television.
아이들은 텔레비전을 보고 있다.

172 • 173

glass
[glæs]

[명사] 1. 유리잔, 글라스　2. 유리

There is a **glass**.　유리잔이 하나 있다.
It is made of **glass**.　그것은 유리로 만들어져 있다.

glasses
[glǽsiz]

[명사] 안경　= eyeglasses

There are **glasses**.　안경이 있다.
My grandma wears **glasses**.
우리 할머니는 안경을 쓰신다.

174 • 175

telephone
[téləfòun]

[명사] 전화, 전화기　= phone

There is a **telephone**.
전화기가 있다.

talk
[tɔːk]

[동사] 말하다, 이야기하다

talk on the telephone　전화로 이야기하다
talk with friends　친구들과 이야기하다

176 • 177

key
[kiː]

[명사] 열쇠, 키

a car **key** 자동차 열쇠
Where is my **key**? 내 열쇠가 어디 있지?

smartphone
[smáːrtfòun]

[명사] 스마트폰   [유의어] cell phone 핸드폰

a new **smartphone** 새 스마트폰
Where is my **smartphone**?
내 스마트폰이 어디 있지?

178 • 179

next to
[nekst tu]

[전치사] ~ (바로) 옆에   [유의어] beside ~ 옆에

It is **next to** the phone.
그것은 전화기 옆에 있다.

between
[bitwíːn]

[전치사] ~ 사이에, ~ 중간에

It is **between** the phone and the glasses.
그것은 전화기와 안경 사이에 있다.
*between A and B: A와 B 사이에

180 • 181

near
[niər]

[전치사] ~ 가까이에   [부사] 가까이   [형용사] 가까운

It is **near** the bed.
그것은 침대 가까이에 있다.

far
[faːr]

[부사] 멀리   [형용사] 먼

It is **far** from the bed.
그것은 침대에서 멀리 있다.

182

in front of

~ 앞에   [반의어] behind ~ 뒤에

There's a TV **in front of** the sofa.
소파 앞에 TV가 있다.
He is **in front of** the TV. 그는 TV 앞에 있다.

DAY 14

Daily Test

A 그림에 알맞은 단어와 우리말 뜻을 찾아 연결하세요.

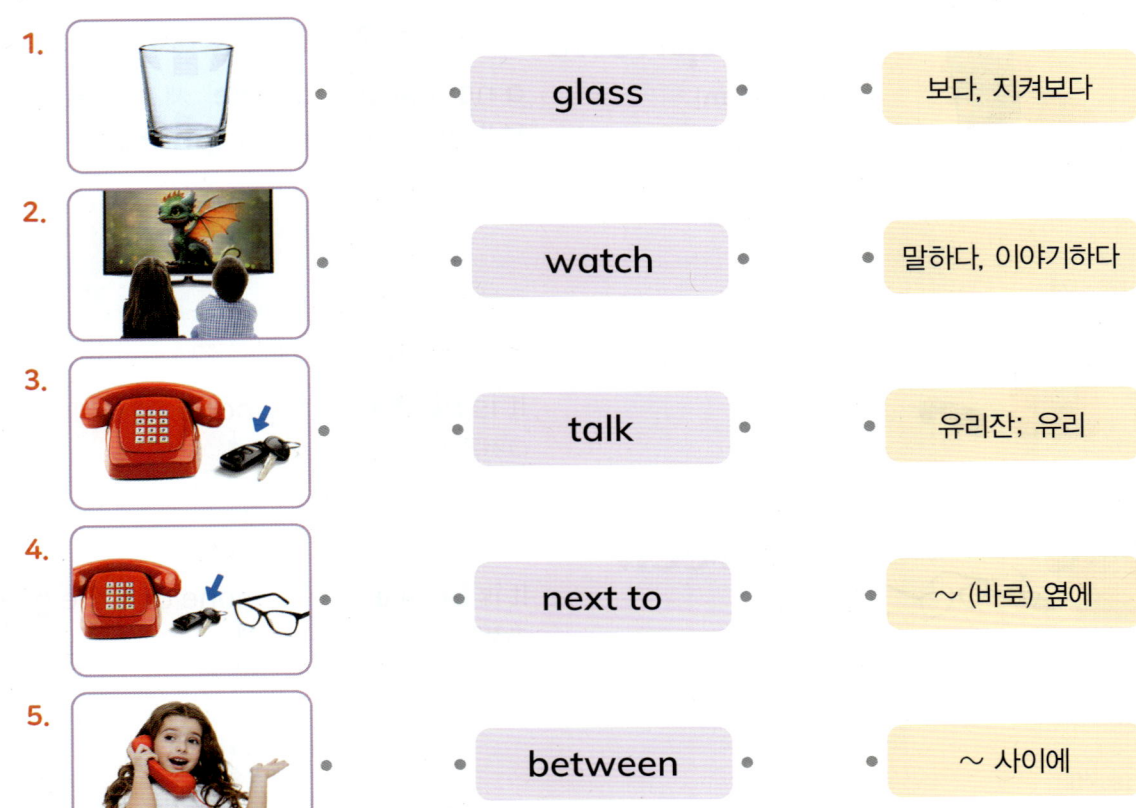

B 우리말 뜻에 맞게 주어진 글자를 바르게 배열하여 쓰세요.

1. 텔레비전   l e t e v i o n s i   _____

2. 전화, 전화기   t l e e p h n o e   _____

3. 스마트폰   m a s r t p o n e h   _____

4. 안경   a e s g l s s   _____

5. ~ 가까이에   r n e a   _____

Picture Review

● 그림에 알맞은 단어나 문장을 골라 동그라미 한 후, 우리말 뜻과 함께 쓰세요.

1.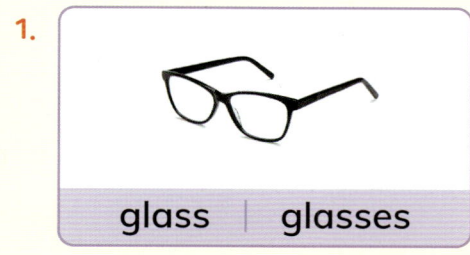
glass | glasses

2.
television | telephone

3.
key | phone

4.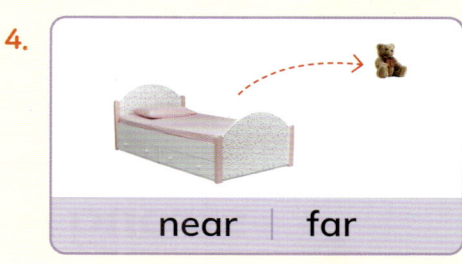
near | far

5.
smart | smartphone

6.
between | next to

7.
talk on the phone | watch TV

8.
He is behind the TV. | He is in front of the TV.

DAY 15

학습일: 　월　　일

Listen & Say 1 2 3

183 • 184

storm
[stɔːrm]

(명사) 폭풍, 폭풍우

A **storm** is coming.
폭풍이 다가오고 있다.

stormy
[stɔ́ːrmi]

(형용사) 폭풍우의, 폭풍우가 치는

stormy weather　폭풍우가 치는 날씨

185 • 186

strong
[strɔːŋ]

(형용사) 강한, 힘이 센　(반의어) **weak** 약한

a **strong** boy　힘이 센 소년
strong winds　강한 바람, 강풍

blow
[blou]

(동사) (바람이) 불다

Strong winds **blow**.
강한 바람이 **분다**.

187 • 188

mitten
[mítn]

(명사) 벙어리장갑 (한 짝)　*복수형 **mittens**

Put on your **mittens**.
벙어리장갑을 껴라.

scarf
[skaːrf]

(명사) 스카프, 목도리　(유의어) **muffler** 목도리

Put on your **scarf**.
목도리를 해라.

189 • 190

mine
[main]

대명사 나의 것, 내 것

This sled is **mine**.
이 썰매는 내 것이다.

yours
[juərz]

대명사 너의 것, 네 것

These skates are **yours**.
이 스케이트화는 네 것이다.

191 • 192

his
[hiz]

대명사 그의 것

This umbrella is **his**.
이 우산은 그의 것이다.

hers
[həːrz]

대명사 그녀의 것

These skates are **hers**.
이 스케이트화는 그녀의 것이다.

193 • 194

whose
[huːz]

형용사 누구의

Whose sled is it?
이것은 누구의 썰매니?

which
[hwitʃ]

형용사 어느, 어떤 대명사 어느 쪽, 어떤 것

Which sled is yours? 어느 썰매가 네 것이니?
Which is hers? 어느 것이 그녀의 것이니?

195

build a snowman

눈사람을 만들다

I want to **build a snowman**.
나는 눈사람을 만들고 싶어.
Do you want to **build a snowman**?
너도 눈사람 만들고 싶니?

DAY 15

Daily Test

A 그림에 알맞은 단어와 우리말 뜻을 찾아 연결하세요.

1.  • • storm • • 폭풍, 폭풍우

2.  • • mittens • • 목도리

3.  • • scarf • • 벙어리장갑

4.  • • mine • • 너의 것

5.  • • yours • • 나의 것

B 우리말 뜻에 맞게 주어진 글자를 바르게 배열하여 쓰세요.

1. 폭풍우의 — r m y o s t _____

2. 강한, 힘이 센 — s o t r n g _____

3. (바람이) 불다 — o w b l _____

4. 누구의 — w h s e o _____

5. 어느; 어느 쪽 — i c h h w _____

Picture Review

● 그림에 알맞은 단어나 문장을 골라 동그라미 한 후, 우리말 뜻과 함께 쓰세요.

1.
strong | storm

2.
yours | mine

3.
mine | yours

4.
his | hers

5.
his | hers

6.
who sled | whose sled

7.
build a snowman | build a house

8.
Whose is yours? | Which is yours?

DAY 16

학습일: 월   일

Listen & Say 1 2 3

196 • 197

before
[bifɔ́:r]

전치사 (시간, 순서상으로) ~ 앞에, ~ 전에
9 comes **before** 10.   9는 10 앞에 온다.
before lunch   점심 전에

after
[ǽftər]

전치사 (시간, 순서상으로) ~ 뒤에, ~ 후에
10 comes **after** 9.   10은 9 뒤에 온다.
after school   방과 후에

198 • 199

eleven
[ilévən]

명사 11, 열하나   형용사 11(개)의
We have **eleven** hats.
우리는 모자 11개가 있다.

twelve
[twelv]

명사 12, 열둘   형용사 12(개)의
We have **twelve** cupcakes.
우리는 컵케이크 12개가 있다.

200 • 201

thirteen
[θə̀:rtí:n]

명사 13, 열셋   형용사 13(개)의
There are **thirteen** bees.
벌이 13마리 있다.

fourteen
[fɔ̀:rtí:n]

명사 14, 열넷   형용사 14(개)의
There are **fourteen** ants.
개미가 14마리 있다.

202 · 203

fifteen
[fiftíːn]

명사 15, 열다섯 형용사 15(개)의
Find the number **fifteen**. 숫자 15를 찾아라.
Find car number **fifteen**. 15번 자동차를 찾아라.

sixteen
[sìkstíːn]

명사 16, 열여섯 형용사 16(개)의
Find the number **sixteen**. 숫자 16을 찾아라.
Find car number **sixteen**. 16번 자동차를 찾아라.

204 · 205

seventeen
[sèvəntíːn]

명사 17, 열일곱 형용사 17(개)의
What comes before **seventeen**?
17 앞에 무엇이 오나요?

eighteen
[èitíːn]

명사 18, 열여덟 형용사 18(개)의
What comes after **eighteen**?
18 뒤에 무엇이 오나요?

206 · 207

nineteen
[nàintíːn]

명사 19, 열아홉 형용사 19(개)의
Nineteen comes after eighteen.
19는 18 뒤에 와요.

twenty
[twénti]

명사 20, 스물 형용사 20(개)의
Twenty comes after nineteen.
20은 19 뒤에 와요.

208

... years old

(나이) ~살인, ~세의
I'm eleven **years old**. 나는 11살이다.
My brother is thirteen **years old**.
우리 형은 13살이다.

DAY 16

Daily Test

A 그림에 알맞은 단어와 우리말 뜻을 찾아 연결하세요.

1.  •   • before •   • ~ 뒤에, ~ 후에

2.  •   • after •   • ~ 앞에, ~ 전에

3.  •   • eleven •   • 12, 열둘

4.  •   • twelve •   • 20, 스물

5.  •   • twenty •   • 11, 열하나

B 우리말 뜻에 맞게 주어진 글자를 바르게 배열하여 쓰세요.

1. 13, 열셋   i r t h n t e e   _____

2. 14, 열넷   r f o u e e n t   _____

3. 15, 열다섯   f f t i e n e   _____

4. 18, 열여덟   g h t e e e i n   _____

5. 19, 열아홉   t e n i n e e n   _____

Picture Review

● 그림에 알맞은 단어나 표현을 골라 동그라미 한 후, 우리말 뜻과 함께 쓰세요.

1.
thirteen | fourteen

2.
twelve | twenty

3.
sixteen | seventeen

4.
fifteen | sixteen

5.
eleven ants | twelve ants

6.
before lunch | after school

7.
eleven years old | twelve years old

8.
sixteen years old | nineteen years old

Review Test 04

DAY 13-16

A 다음 그림을 보고, 우리말에 해당하는 단어를 영어로 쓰세요.

1. 텔레비전 : _____
2. 커튼 : _____
3. 등 : _____
4. 차고 : _____  
5. 깔개 : _____
6. 바닥 : _____
7. 등 옆에 : _____ to the lamp
8. 차고 앞에 : in _____ of the garage

B 그림에 알맞은 단어를 골라 동그라미 하세요.

1.  messy / clean

2.  cloth / clothes

3.  garage / backyard

4.  glass / glasses

5.  between / behind

6.  before / blow

7.  his / hers

8.  twelve / twenty

9.  seventeen / eighteen

10.  fifteen / sixteen

C 그림을 보고, 빈칸에 알맞은 말을 넣으세요.

1. She is _____ the sink.

2.  Where is my _____?

3. This sled is _____.

4.  I'm eleven _____.

D 우리말과 같은 뜻이 되도록 빈칸에 알맞은 단어를 넣으세요.

1. 차고 세일을 하다 — have a _____ sale
2. 전화로 이야기하다 — _____ on the telephone
3. TV를 보다 — _____ TV
4. 빨래를 하다 — _____ the clothes
5. 강한 바람 — _____ winds

E 주어진 단어와 반대의 뜻을 가진 단어를 <보기>에서 골라 쓰세요.

| far | clean | after |

1. dirty _____
2. near _____
3. before _____

F 읽을 수 있는 단어에 체크한 후, 우리말 뜻을 빈칸에 써 보세요.

☐ messy	_____		☐ stormy	_____
☐ clean	_____		☐ blow	_____
☐ floor	_____		☐ mine	_____
☐ rug	_____		☐ yours	_____
☐ curtain	_____		☐ his	_____
☐ clothes	_____		☐ hers	_____
☐ backyard	_____		☐ whose	_____
☐ garage	_____		☐ which	_____
☐ television	_____		☐ before	_____
☐ glasses	_____		☐ after	_____
☐ telephone	_____		☐ eleven	_____
☐ talk	_____		☐ twelve	_____
☐ next to	_____		☐ thirteen	_____
☐ between	_____		☐ fourteen	_____
☐ near	_____		☐ nineteen	_____
☐ far	_____		☐ twenty	_____

DAY 17

학습일: 월   일

Listen & Say ① ② ③

209 · 210

camping
[kǽmpiŋ]

명사 캠핑, 야영
동사 camp 야영하다   명사 camp 캠프, 야영
Let's go **camping**.
캠핑 가자.

hiking
[háikiŋ]

명사 하이킹, 도보 여행, 가벼운 등산
동사 hike 하이킹 가다
Let's go **hiking**.   하이킹 가자.
hiking boots   등산화

211 · 212

fishing
[fíʃiŋ]

명사 낚시   동사 fish 낚시하다
He goes **fishing**.
그는 낚시를 간다.

shopping
[ʃápiŋ]

명사 쇼핑   동사 shop 쇼핑하다
She goes **shopping**.
그녀는 쇼핑을 간다.

213 · 214

skating
[skéitiŋ]

명사 스케이트 타기   동사 skate 스케이트를 타다
I like to go **skating**.
나는 스케이트 타러 가는 것을 좋아한다.

skiing
[skíːiŋ]

명사 스키 타기   동사 ski 스키를 타다
He likes to go **skiing**.
그는 스키 타러 가는 것을 좋아한다.

215 • 216

need
[niːd]

[동사] (~을) 필요로 하다, (~이) 필요하다
What do you **need**?
너는 무엇이 필요하니?

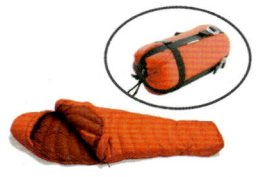

sleeping bag
[slíːpiŋ bæg]

[명사] 침낭, 슬리핑 백
I need a **sleeping bag**.
나는 **침낭**이 필요하다.

217 • 218

backpack
[bǽkpæk]

[명사] 배낭
I need a **backpack**.
나는 **배낭**이 필요하다.

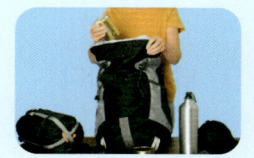

pack
[pæk]

[동사] (짐을) 싸다, 꾸리다
pack a backpack 배낭을 꾸리다

219 • 220

heavy
[hévi]

[형용사] 무거운
a **heavy** backpack 무거운 배낭
It's too **heavy**. 이것은 너무 **무겁다**.

light
[lait]

[형용사] 가벼운
It's too **light**.
이것은 너무 **가볍다**.

221

go to camp

캠프에 가다
Let's **go to camp**. 캠프에 가자.
Let's **go to** summer **camp**.
여름 캠프에 가자.

DAY 17 — Daily Test

A 그림에 알맞은 단어와 우리말 뜻을 찾아 연결하세요.

1.  • • pack • • 배낭

2.  • • backpack • • 침낭

3.  • • sleeping bag • • (짐을) 싸다

4.  • • go camping • • 낚시를 가다

5.  • • go fishing • • 캠핑을 가다

B 우리말 뜻에 맞게 주어진 글자를 바르게 배열하여 쓰세요.

1. 하이킹, 도보 여행   h k i i n g   _____

2. 쇼핑   n g s h o i p p   _____

3. 스케이트 타기   a s k n g t i   _____

4. 무거운   v y h a e   _____

5. 가벼운   g l i h t   _____

Picture Review

● 그림에 알맞은 단어나 표현을 골라 동그라미 한 후, 우리말 뜻과 함께 쓰세요.

1.
   pack | backpack

2.
   school bag | sleeping bag

3.
   heavy | light

4.
   pack | need

5.
   go fishing | go hiking

6.
   go camping | go shopping

7.
   go skating | go skiing

8.
   go to school | go to camp

DAY 18

학습일:　　월　　일

Listen & Say 1 2 3

222 • 223

today
[tədéi]

[명사] 오늘　[부사] 오늘(은)
It's very cold **today**.
오늘 날씨가 아주 춥다.

now
[nau]

[부사] 지금, 현재
Where are you **now**? 너는 **지금** 어디에 있니?
I'm in my tent **now**. 나는 **지금** 내 텐트 안에 있어.

224 • 225

in
[in]

[부사] 안으로, 속으로　[전치사] ~ 안에
Hi. Come **in**. 안녕. 들어와.
It's warm **in** here. 여기 안은 따뜻해.

out
[aut]

[부사] 밖으로, 밖에
Let's go **out**. 밖으로 나가자.
Come **out** and play. 밖으로 나와 놀아.

226 • 227

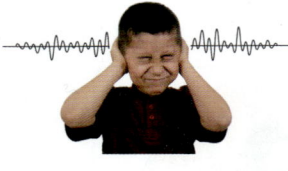

noisy
[nɔ́izi]

[형용사] 시끄러운, 떠들썩한
[유의어] loud 시끄러운　[반의어] quiet 조용한
The kids are very **noisy**. 아이들이 아주 **시끄럽다**.
a **noisy** classroom　떠들썩한 교실

shy
[ʃai]

[형용사] 수줍어하는, 부끄럼을 많이 타는
a quiet, **shy** girl　조용하고 수줍음이 많은 소녀

228 • 229

bright
[brait]

[형용사] (빛이) 밝은, 눈부신

a **bright** room 밝은 방

dark
[dɑːrk]

[형용사] 어두운, 짙은

a **dark** room 어두운 방
dark clouds 먹구름

230 • 231

light
[lait]

[명사] (해, 전등 등의) 빛, 전등 [형용사] 가벼운

a bright **light** 밝은 빛

sunlight
[sʌ́nlait]

[명사] 햇빛, 햇살 = sunshine

the bright **sunlight** 눈부신 햇살

232 • 233

on
[ən]

[부사] (~이) 켜져 있는, 작동 중인

The light is **on**. 전등(불)이 켜져 있다.
The fan is **on**. 선풍기가 켜져 있다.

off
[ɔːf]

[부사] (~이) 꺼져 있는, 작동이 안 되는

The light is **off**. 전등(불)이 꺼져 있다.
The fan is **off**. 선풍기가 꺼져 있다.

234

on and off

불규칙하게, 오락가락

The light goes **on and off**.
전등이 켜졌다 꺼졌다 한다.
It rains **on and off**. 비가 오다 말다 한다.

DAY 18

Daily Test

A 그림에 알맞은 단어와 우리말 뜻을 찾아 연결하세요.

1.  • • on • • (~이) 꺼져 있는

2.  • • off • • (~이) 켜져 있는

3.  • • shy • • (안으로) 들어오다

4.  • • come in • • (밖으로) 나가다

5.  • • go out • • 수줍어하는

B 우리말 뜻에 맞게 주어진 글자를 바르게 배열하여 쓰세요.

1. 오늘   t d o a y   _____

2. 시끄러운   n o s y i   _____

3. 밝은, 눈부신   t b r g i h   _____

4. 어두운, 짙은   a r d k   _____

5. 햇빛, 햇살   l i s u g n h t   _____

Picture Review

🔸 그림에 알맞은 단어나 문장을 골라 동그라미 한 후, 우리말 뜻과 함께 쓰세요.

1.
today | light

2.
noisy | now

3.
bright | dark

4.
light | sunlight

5.
shy | noisy

6.
bright room | dark room

7.
come in | go out

8.
The light is on. | The light is off.

DAY 19

학습일:　　월　　일

Listen & Say 1 2 3

235 • 236

job
[dʒab]

[명사] **직업, 일**

many great **jobs**　많은 훌륭한 **직업들**
What's your **job**?　당신의 **직업**은 무엇인가요?

work
[wəːrk]

[동사] **일하다**　[명사] **일, 직장**

I **work** at a shop.　나는 가게에서 **일해요**.
at **work**　**직장**에서, **일터**에서

237 • 238

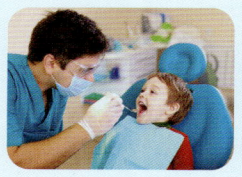

vet
[vet]

[명사] **수의사**　= veterinarian

She is a **vet**.
그녀는 **수의사**이다.

dentist
[déntist]

[명사] **치과 의사**

He is a **dentist**.
그는 **치과 의사**이다.

239 • 240

actor
[æktər]

[명사] **배우**　*actress 여배우

my favorite **actor**　내가 좋아하는 **배우**
He is an **actor**.　그는 **배우**이다.

artist
[áːrtist]

[명사] **화가, 예술가**　[명사] art 미술, 예술

my favorite **artist**　내가 좋아하는 **화가**
She is an **artist**.　그녀는 **예술가**이다.

241 · 242

cook
[kuk]

명사 요리사 동사 요리하다 *chef 주방장

My dad is a **cook**.
우리 아빠는 **요리사**이다.

baker
[béikər]

명사 제빵사 동사 bake (빵 등을) 굽다

My aunt is a **baker**.
우리 고모는 **제빵사**이다.

243 · 244

driver
[dráivər]

명사 운전사, 기사 동사 drive 운전하다

He is a bus **driver**.
그는 버스 **운전사**이다.

pilot
[páilət]

명사 (비행기) 조종사

He is a **pilot**.
그는 **조종사**이다.

245 · 246

Dr.
[dáktər]

명사 의사, 박사 *doctor의 약어

Dr. Jones is a dentist.
존스 **선생님**은[**박사**는] 치과 의사이다.

Ms.
[miz]

명사 ~ 씨, ~ 님
*결혼 여부에 상관없이 여성의 성 앞에 붙이는 호칭

Ms. Green is a vet.
그린 **선생님**은 수의사이다.

247

animal hospital

동물 병원

They go to the **animal hospital**.
그들은 **동물 병원**에 간다.

She works at an **animal hospital**.
그녀는 **동물 병원**에서 일한다.

DAY 19

Daily Test

A 그림에 알맞은 단어와 우리말 뜻을 찾아 연결하세요.

1.  • vet • 수의사

2.  • actor • 요리사

3.  • artist • 화가, 예술가

4.  • cook • 배우

5.  • many jobs • 많은 직업들

B 우리말 뜻에 맞게 주어진 글자를 바르게 배열하여 쓰세요.

1. 일하다; 직장   o r w k   _____

2. 치과 의사   i s t n t d e   _____

3. 제빵사   a b e r k   _____

4. 운전사, 기사   e r i d r v   _____

5. (비행기) 조종사   o t p l i   _____

Picture Review

● 그림에 알맞은 단어나 표현을 골라 동그라미 한 후, 우리말 뜻과 함께 쓰세요.

1.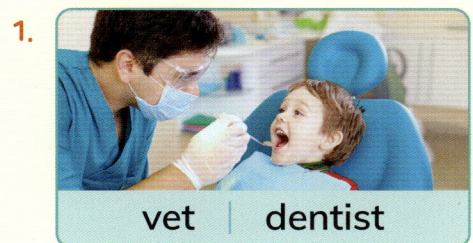
vet | dentist

2.
cook | baker

3.
actor | driver

4.
vet | cook

5.
driver | pilot

6.
Dr. Jones | Ms. Jones

7.
at school | at work

8.
dentist | animal hospital

DAY 20

학습일:　　월　　일

Listen & Say 1 2 3

248 · 249

city
[síti]

[명사] 도시
I live in a big **city**.
나는 대**도시**에 산다.

busy
[bízi]

[형용사] 바쁜
a **busy** city　**바쁜** 도시
a **busy** morning　**바쁜** 아침

250 · 251

to
[tu]

[전치사] 1. (장소, 방향) ~로, ~ 쪽으로　2. (범위) ~까지
go **to** school　학교에 가다
from here **to** there　여기서 거기**까지**

by
[bai]

[전치사] ~로, ~에 의하여　*수단, 방법을 나타냄
by bike　자전거로, 자전거를 타고
go to school **by** bike　자전거를 타고 학교에 가다

252 · 253

bus
[bʌs]

[명사] 버스
go to school by **bus**　**버스**를 타고 학교에 가다

taxi
[tǽksi]

[명사] 택시
go to work by **taxi**　**택시**를 타고 직장에 가다

254 • 255

train
[trein]

(명사) 기차

a **train** station 기차역
He goes to work by **train**.
그는 **기차**로 회사에 간다.

subway
[sʌ́bwèi]

(명사) 지하철

a **subway** station 지하철역
She goes to work by **subway**.
그녀는 **지하철**로 회사에 간다.

256 • 257

airplane
[ɛ́ərplein]

(명사) 비행기 = plane

fly an **airplane** 비행기를 조종하다

helicopter
[hélikàptər]

(명사) 헬리콥터

fly a **helicopter** 헬리콥터를 조종하다

258 • 259

drive
[draiv]

(동사) 운전하다 (명사) driver 운전사

drive a car 자동차를 운전하다
She **drives** her car. 그녀는 자동차를 운전한다.

take
[teik]

(동사) (교통수단을) 타다, 타고 가다

take a taxi 택시를 타다
take a bus to school 버스를 타고 학교에 가다

260

on foot

걸어서, 도보로   *walk 걷다, 걸어가다

We go to school **on foot**.
(= We walk to school.)
우리는 **걸어서** 학교에 간다.

DAY 20 Daily Test

A 그림에 알맞은 단어와 우리말 뜻을 찾아 연결하세요.

1.  • city • 운전하다
2.  • drive • 도시
3.  • take • 자전거로
4.  • by bike • 버스로
5.  • by bus • 타다, 타고 가다

B 우리말 뜻에 맞게 주어진 글자를 바르게 배열하여 쓰세요.

1. 바쁜 — u b s y — _____
2. 기차 — t n i r a — _____
3. 지하철 — b u s y w a — _____
4. 비행기 — r i a p a l n e — _____
5. 헬리콥터 — e h l i p c o r t e — _____

Picture Review

● 그림에 알맞은 단어나 표현을 골라 동그라미 한 후, 우리말 뜻과 함께 쓰세요.

1.
train | bus

2.
busy | shy

3.
bike | subway

4.
airplane | helicopter

5.
by bike | by bus

6.
by taxi | on foot

7.
drive a car | take a taxi

8.
fly a helicopter | fly an airplane

DAY 17-20 Review Test 05

A 다음 그림을 보고, 우리말에 해당하는 단어를 영어로 쓰세요.

1. 캠핑을 가다 : go _____
2. 햇빛, 햇살 : _____
3. 하이킹을 가다 : go _____
4. 걸어서 : on _____

5. 자동차로 : by _____
6. 운전하다 : _____
7. 낚시를 가다 : go _____
8. 자전거로 : by _____

B 그림에 알맞은 단어를 골라 동그라미 하세요.

1.  shopping / skating
2.  pack / backpack
3.  come in / go out
4.  on / off
5. 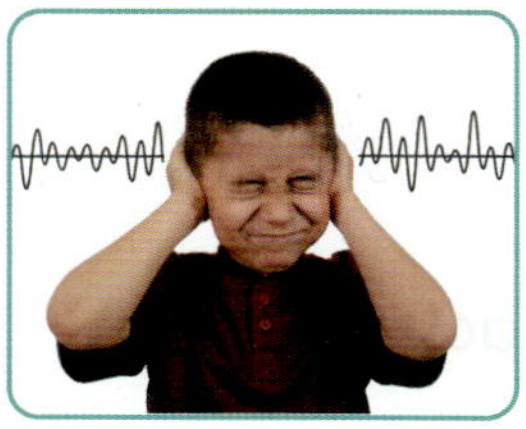 noisy / quiet
6.  actor / vet
7.  baker / cook
8.  driver / pilot
9.  artist / dentist
10.  vet / work

C 그림을 보고, 빈칸에 알맞은 말을 넣으세요.

1. I need a _____.

2. I go to school _____.

3. She is a _____.

4. Dr. Smith is a _____.

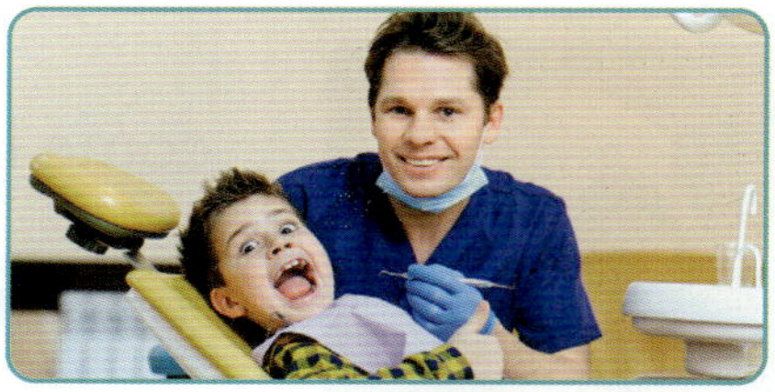

D 우리말과 같은 뜻이 되도록 빈칸에 알맞은 단어를 넣으세요.

1. 무거운 배낭   a _____ backpack
2. 밝은 빛   a _____ light
3. 많은 훌륭한 직업들   many great _____
4. 지하철역   a _____ station
5. 택시를 타다   _____ a taxi

E 주어진 단어와 반대의 뜻을 가진 단어를 <보기>에서 골라 쓰세요.

off	light	dark

1. heavy   _____
2. bright   _____
3. on   _____

F 읽을 수 있는 단어에 체크한 후, 우리말 뜻을 빈칸에 써 보세요.

☐ camping _____	☐ job _____
☐ hiking _____	☐ work _____
☐ fishing _____	☐ vet _____
☐ skiing _____	☐ dentist _____
☐ need _____	☐ actor _____
☐ pack _____	☐ artist _____
☐ heavy _____	☐ cook _____
☐ light _____	☐ pilot _____
☐ today _____	☐ city _____
☐ now _____	☐ busy _____
☐ noisy _____	☐ train _____
☐ shy _____	☐ subway _____
☐ bright _____	☐ airplane _____
☐ dark _____	☐ helicopter _____
☐ light _____	☐ drive _____
☐ sunlight _____	☐ take _____

DAY 21

학습일: 월   일

Listen & Say 1 2 3

261 • 262

town
[taun]

명사 소도시, 읍

a small **town**   작은 도시
This is my **town**.   여기가 우리 동네야.

village
[vílidʒ]

명사 (시골) 마을, 촌락

a small **village**   작은 마을

263 • 264

bakery
[béikəri]

명사 빵집, 제과점   명사 **baker** 제빵사

There is a **bakery**.
빵집이 있다.

restaurant
[réstərənt]

명사 식당, 레스토랑

There is a **restaurant**.   식당이 있다.
an Italian **restaurant**   이탈리아 식당

265 • 266

supermarket
[súpərmɑrkit]

명사 슈퍼마켓

There is a **supermarket**.
슈퍼마켓이 있다.

bank
[bæŋk]

명사 은행

There is a **bank**.
은행이 있다.

267 • 268

church
[tʃəːrtʃ]

명사 교회

My town has a **church**.
우리 동네에는 **교회**가 있다.

post office
[poust ɔ́ːfis]

명사 우체국

My town has a **post office**.
우리 동네에는 **우체국**이 있다.

269 • 270

store
[stɔːr]

명사 가게, 상점 = shop

My town has many **stores**.
우리 동네에는 많은 **상점들**이 있다.

bookstore
[búkstɔːr]

명사 서점, 책방

My town has a **bookstore**.
우리 동네에는 **서점**이 있다.

271 • 272

library
[láibrèri]

명사 도서관

We can go to the **library**.
우리는 **도서관**에 갈 수 있다.

museum
[mjuːzíːəm]

명사 박물관, 미술관

We can go to the **museum**.
우리는 **박물관**에 갈 수 있다.

273

look around

둘러보다, 구경하다

Let's **look around** the town.
이 동네를 **구경해** 보자.

DAY 21 Daily Test

A 그림에 알맞은 단어와 우리말 뜻을 찾아 연결하세요.

B 우리말 뜻에 맞게 주어진 글자를 바르게 배열하여 쓰세요.

1. 마을   l l g a e v i   _____
2. 레스토랑   t a u r e r s a n t   _____
3. 슈퍼마켓   m a r s u k e t p e r   _____
4. 도서관   r a r l i y b   _____
5. 박물관   s e m u u m   _____

Picture Review

● 그림에 알맞은 단어나 표현을 골라 동그라미 한 후, 우리말 뜻과 함께 쓰세요.

1.
village | city

2.
bank | bakery

3.
book | bookstore

4.
museum | store

5.
library | post office

6.
church | restaurant

7.
bank | library

8.
look around | look out

DAY 22

학습일:　　월　　일

Listen & Say 1 2 3

274 • 275

at
[æt]

[전치사] 1. [장소] ~에(서)　2. [시간] ~에

We are **at** school.　우리는 학교**에** 있다.
We have lunch **at** noon.
우리는 정오**에** 점심을 먹는다.

start
[stɑːrt]

[동사] 시작하다, 시작되다
[유의어] begin 시작하다, 시작되다

The class **starts** at 9.
수업은 9시에 **시작한다**.

276 • 277

study
[stʌ́di]

[동사] 공부하다, 배우다
We **study** English.
우리는 영어를 **공부한다**.

subject
[sʌ́bdʒikt]

[명사] 1. 학과, 과목　2. 주제

my favorite **subject**　내가 좋아하는 **과목**
What's your favorite **subject**?
네가 좋아하는 **과목**은 뭐니?

278 • 279

tell
[tel]

[동사] 말하다, 이야기하다

Tell me.　내게 말해 줘.
Tell me about your school.
(내게) 너희 학교에 대해 **말해 줘**.

listen
[lísn]

[동사] (귀 기울여) 듣다

Listen to me.　내 말을 들어 봐.
Listen to your teacher.
선생님 말씀을 잘 **들어라**.

280 · 281

question
[kwéstʃən]

[명사] 질문, 문제
Any **questions**? 질문 있나요?
I have a **question**. 질문이 있습니다.

ask
[æsk]

[동사] 묻다, 요청하다
Can I **ask** a question?
질문을 해도 될까요?

282 · 283

paintbrush
[péintbrʌ̀ʃ]

[명사] (그림 그리는) 붓, 화필
Harry has **paintbrushes**.
해리는 **붓**을 가지고 있다.
He's painting with **paintbrushes**.
그는 **붓**으로 그림을 그리고 있다.

clay
[klei]

[명사] 점토, 찰흙
Jenny has **clay**. 제니는 **찰흙**을 가지고 있다.
She's making animals with **clay**.
그녀는 **찰흙**으로 동물을 만들고 있다.

284 · 285

line
[lain]

[명사] 선, 줄
I'm drawing **lines** with a pencil.
나는 연필로 **선**을 그리고 있다.

mask
[mæsk]

[명사] 마스크, 가면, 탈
We're making animal **masks**.
우리는 동물 **가면**을 만들고 있다.

286

show and tell

쇼앤텔 *(뭔가를 보여 주며 설명하는) 발표 시간
do **show and tell** at school
학교에서 **쇼앤텔**을 하다
It's **show-and-tell** day.
오늘은 **쇼앤텔**을 하는 날이다.

DAY 22

Daily Test

A 그림에 알맞은 단어와 우리말 뜻을 찾아 연결하세요.

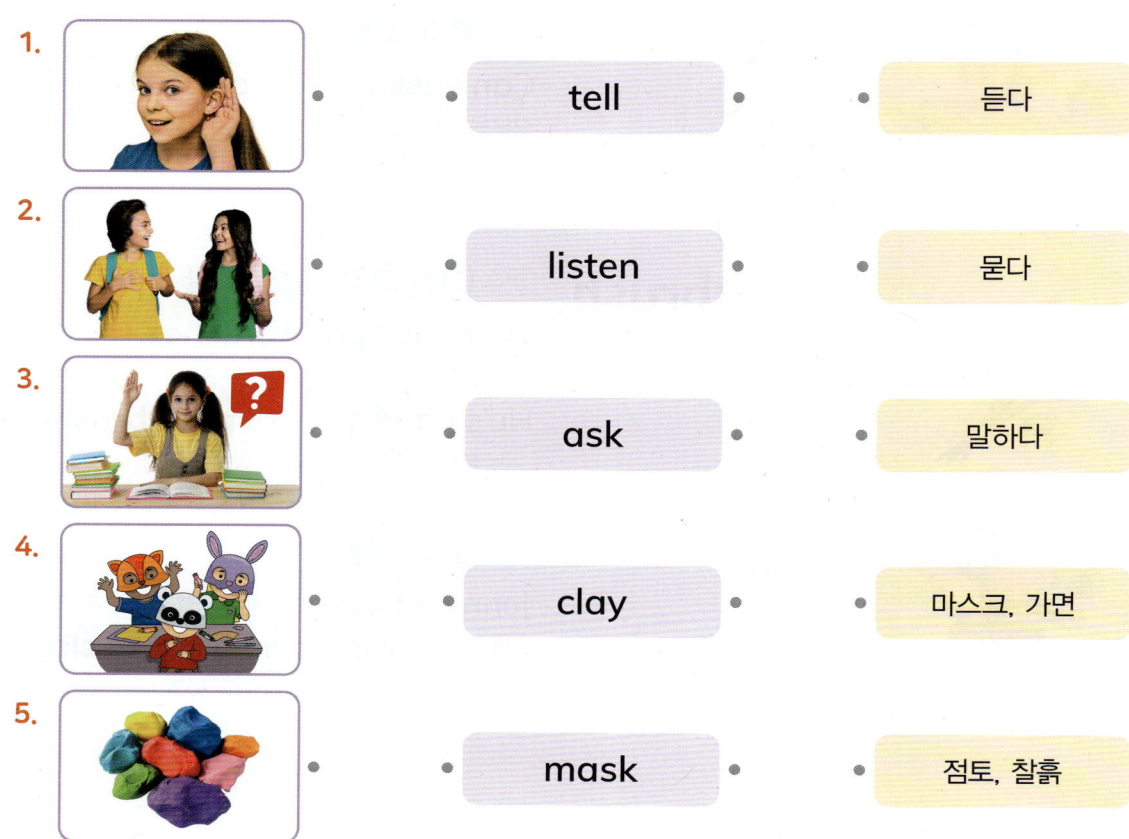

B 우리말 뜻에 맞게 주어진 글자를 바르게 배열하여 쓰세요.

1. 시작하다   a s t r t   _____
2. 공부하다   s t d y u   _____
3. 학과, 과목   j e c s u b t   _____
4. 질문, 문제   q u t i o n e s   _____
5. 붓, 화필   b r u p a s h i n t   _____

Picture Review

● 그림에 알맞은 단어나 표현을 골라 동그라미 한 후, 우리말 뜻과 함께 쓰세요.

1.
   tell | listen

2.
   start | study

3.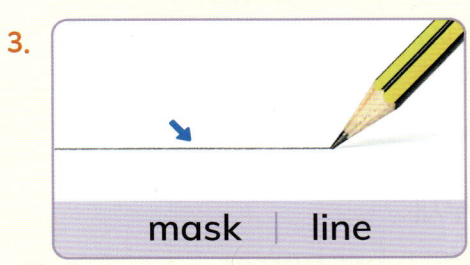
   mask | line

4.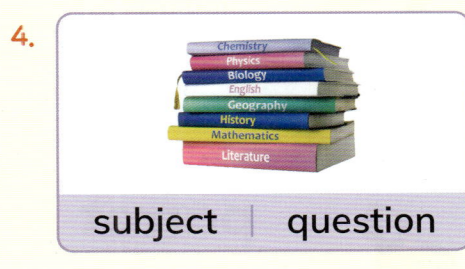
   subject | question

5.
   clay | paintbrush

6.
   start at 9 | start in 9

7.
   listen | ask a question

8.
   mask | show and tell

117

DAY 23

학습일: 월   일

Listen & Say 1 2 3

287 • 288

hamster
[hǽmstər]

(명사) 햄스터

Lisa has a pet **hamster**.
리사는 반려 **햄스터**를 가지고 있다.

iguana
[igwáːnə]

(명사) 이구아나

Jack has a pet **iguana**.
잭은 반려 **이구아나**를 가지고 있다.

289 • 290

parrot
[pǽrət]

(명사) 앵무새

Jake has a pet **parrot**.
제이크는 반려 **앵무새**가 있다.

cage
[keidʒ]

(명사) 새장, 우리

It is in the **cage**.   그것은 **새장**에 있다.
a hamster **cage**   햄스터 우리

291 • 292

fur
[fəːr]

(명사) (동물의) 털

My cat has white **fur**.
우리 고양이는 흰 **털**을 가지고 있다.

brown
[braun]

(형용사) 갈색의 (명사) 갈색, 고동색

My cat has nice **brown** fur.
우리 고양이는 멋진 **갈색** 털을 가지고 있다.

293 • 294

head
[hed]

[명사] 머리

a small **head**　작은 머리
Lisa's hamster has a small **head**.
리사의 햄스터는 머리가 작다.

tail
[teil]

[명사] 꼬리

a long **tail**　긴 꼬리
Jack's iguana has a long **tail**.
잭의 이구아나는 꼬리가 길다.

295 • 296

thick
[θik]

[형용사] 두꺼운, 굵은

a **thick** tail　굵은 꼬리

thin
[θin]

[형용사] 1. 얇은, 가는　2. 마른　[반의어] fat 뚱뚱한

a **thin** tail　가는 꼬리
He is tall and **thin**.　그는 키가 크고 말랐다.

297 • 298

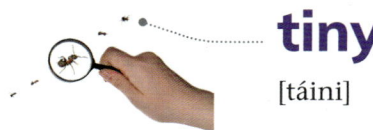

tiny
[táini]

[형용사] 아주 작은, 조그마한　[유의어] small 작은

a **tiny** ant　아주 작은 개미

large
[lɑːrdʒ]

[형용사] 1. (규모가) 큰, 넓은　2. (양이) 많은
[유의어] big (크기가) 큰

a **large** dog　대형견
a **large** size　큰 사이즈

299

pet store

애완동물 가게　= pet shop

go to the **pet store**　애완동물 가게에 가다
Children are at the **pet store**.
아이들은 애완동물 가게에 있다.

DAY 23

Daily Test

A 그림에 알맞은 단어와 우리말 뜻을 찾아 연결하세요.

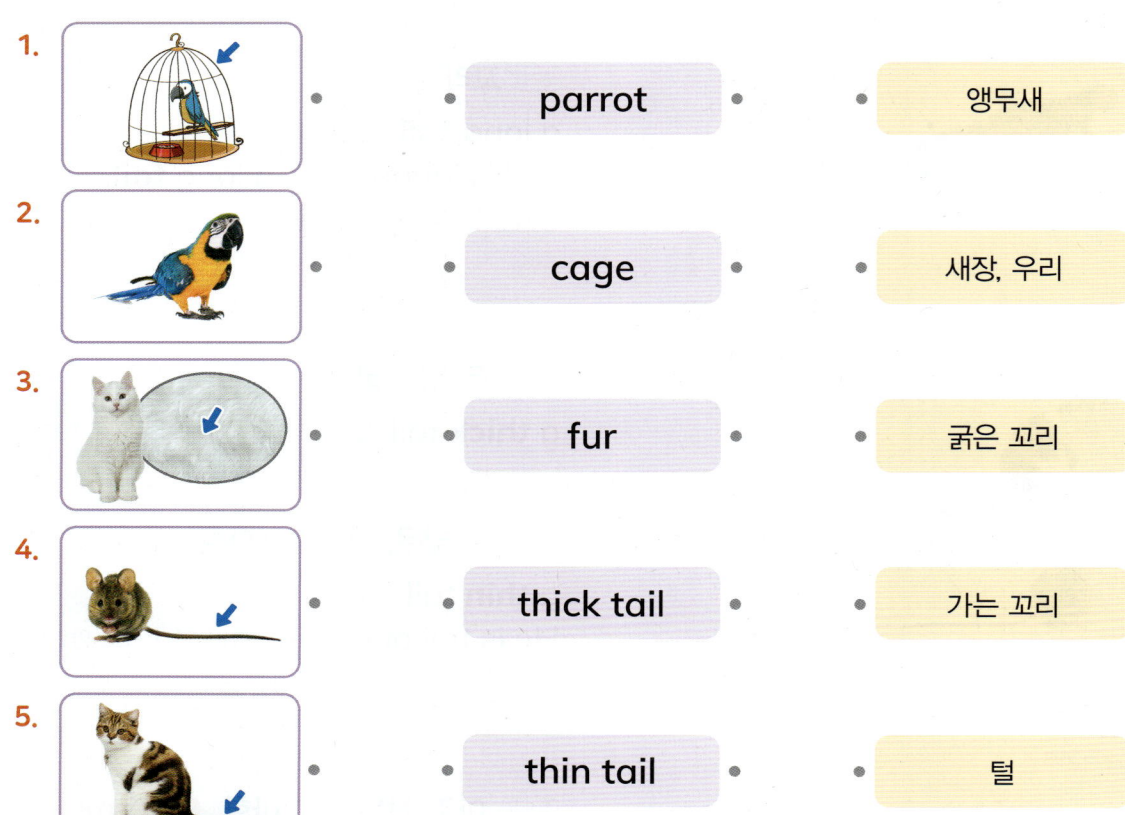

B 우리말 뜻에 맞게 주어진 글자를 바르게 배열하여 쓰세요.

1. 햄스터   a m h s e t r
2. 이구아나   g i u a a n
3. 갈색의   r o w n b
4. 아주 작은   n y t i
5. 큰, 넓은   g e r l a

Picture Review

● 그림에 알맞은 단어나 표현을 골라 동그라미 한 후, 우리말 뜻과 함께 쓰세요.

1.
   hamster | iguana

2.
   head | tail

3.
   carrot | parrot

4.
   thick | thin

5.
   fur | brown

6.
   large | cage

7.
   a tiny ant | a large ant

8.
   pet hamster | pet store

DAY 24

학습일:　　월　　일

Listen & Say ① ② ③

300 · 301

field trip
[fiːld trip]

〔명사〕 현장 체험 학습, 견학 여행

go on a **field trip**　현장 체험 학습을 가다

visit
[vízit]

〔동사〕 방문하다, 찾아가다　〔명사〕 방문

My class **visits** the zoo.　우리 반은 동물원에 **간다**.
a **visit** to the zoo　동물원 **방문**

302 · 303

rule
[ruːl]

〔명사〕 규칙, 규정

There are many zoo **rules**.
많은 동물원 **규칙**이 있다.

follow
[fálou]

〔동사〕 (뒤를) 따라가다, 따르다

Follow the rules, please.
규칙을 **따라** 주세요.

304 · 305

shout
[ʃaut]

〔동사〕 외치다, 소리 지르다　〔유의어〕 yell 외치다

Do not **shout**.
소리 지르지 마시오.

feed
[fiːd]

〔동사〕 먹이를 주다

Do not **feed** the animals.
동물들에게 **먹이를 주지** 마시오.

306 • 307

enter
[éntər]

(동사) (~에) 들어가다, 들어오다

Don't **enter**.
들어가지 마시오.

touch
[tʌtʃ]

(동사) 만지다, 건드리다

Don't **touch**.
만지지 마시오.

308 • 309

should
[ʃud]

(동사) ~해야 한다

You **should** be quiet.
여러분은 조용히 해야 합니다.

never
[névər]

(부사) 절대 ~하지 마라, 결코 ~ 않다

Never shout. 절대 소리 지르지 마라.
I **never** shout. 나는 절대 소리 지르지 않는다.

310 • 311

be
[bi]

(동사) ~이다, ~ 해라 (명령문에서)
*am/is/are의 기본형

Be quiet, please. 조용히 하세요.
Be nice to the animals.
동물들에게 다정하게 하세요.

say
[sei]

(동사) 1. 말하다   2. ~라고 쓰여 있다

She **says**, "Be quiet, please."
"조용히 하세요."라고 그녀가 말한다.
It **says**, "Be quiet." "조용히 하시오."라고 쓰여 있다.

312

line up

줄을 서다

Line up, please. 줄을 서 주세요.
Please **line up** here. 여기에 줄을 서 주세요.

DAY 24

Daily Test

A 그림에 알맞은 단어와 우리말 뜻을 찾아 연결하세요.

1.  • • field trip • • 따라가다, 따르다

2.  • • follow • • 규칙들

3.  • • rules • • 현장 체험 학습

4.  • • Don't shout. • • 소리 지르지 마라.

5.  • • Don't feed. • • 먹이를 주지 마라.

B 우리말 뜻에 맞게 주어진 글자를 바르게 배열하여 쓰세요.

1. 방문하다, 찾아가다   s i v i t   _____

2. 들어가다   t e e n r   _____

3. 만지다   c h u t o   _____

4. ~해야 한다   o u s h l d   _____

5. 절대 ~하지 마라   v n e e r   _____

Picture Review

● 그림에 알맞은 단어나 문장을 골라 동그라미 한 후, 우리말 뜻과 함께 쓰세요.

1.
   enter | touch

2.
   say | shout

3.
   feed | visit

4.
   line up | field trip

5.
   zoo rules | school rules

6.
   go up | line up

7.
   Don't enter. | Don't touch.

8.
   Be quiet. | Be nice.

Review Test 06

DAY 21-24

A 다음 그림을 보고, 우리말에 해당하는 단어를 영어로 쓰세요.

1. 우리 동네 : my _____

2. 레스토랑 : _____

3. 우체국 : _____

4. 현장 체험 학습 : _____

5. 교회 : _____

6. 도서관 : _____

7. 슈퍼마켓 : _____

8. 박물관을 방문하다 : _____ the museum

B 그림에 알맞은 단어를 골라 동그라미 하세요.

1.  bank / bakery

2. library / museum

3.  store / town

4. say / study

5.  rule / question

6.  clay / mask

7.  head / tail

8.  should / shout

9.  enter / shout

10.  look around / line up

C 그림을 보고, 빈칸에 알맞은 말을 넣으세요.

1. My town has a _____.

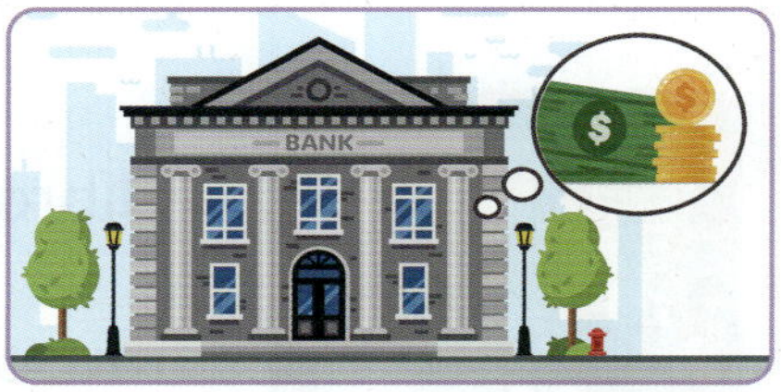

2. Jack has a pet _____.

3. Do not _____.

4. _____ quiet, please.

D 우리말과 같은 뜻이 되도록 빈칸에 알맞은 단어를 넣으세요.

1. 작은 마을   a small _____
2. 내가 좋아하는 과목   my favorite _____
3. 쇼앤텔을 하다   do _____
4. 햄스터 우리   a hamster _____
5. 규칙을 따르다   _____ the rules

E 주어진 단어와 반대의 뜻을 가진 단어를 <보기>에서 골라 쓰세요.

| tiny | thin | listen |

1. thick _____
2. large _____
3. tell _____

F 읽을 수 있는 단어에 체크한 후, 우리말 뜻을 빈칸에 써 보세요.

- [ ] town _____
- [ ] village _____
- [ ] bakery _____
- [ ] restaurant _____
- [ ] church _____
- [ ] post office _____
- [ ] library _____
- [ ] museum _____
- [ ] start _____
- [ ] study _____
- [ ] tell _____
- [ ] listen _____
- [ ] question _____
- [ ] ask _____
- [ ] paintbrush _____
- [ ] clay _____

- [ ] parrot _____
- [ ] cage _____
- [ ] fur _____
- [ ] tail _____
- [ ] thick _____
- [ ] thin _____
- [ ] tiny _____
- [ ] large _____
- [ ] field trip _____
- [ ] visit _____
- [ ] rule _____
- [ ] follow _____
- [ ] enter _____
- [ ] touch _____
- [ ] should _____
- [ ] never _____

DAY 25

학습일:　　　월　　　일

Listen & Say 1 2 3

313 • 314

concert
[káːnsərt]

(명사) 콘서트, 연주회

a K-pop **concert**　케이팝 콘서트
go to a **concert**　콘서트에 가다

band
[bænd]

(명사) 밴드, 악단

a school **band**　학교 밴드
a music **band**　음악 밴드

315 • 316

piano
[piǽnou]

(명사) 피아노

He can play the **piano**.
그는 **피아노**를 칠 수 있다.

guitar
[gitáːr]

(명사) 기타

He can play the **guitar**.
그는 **기타**를 칠 수 있다.

317 • 318

violin
[vàiəlín]

(명사) 바이올린

She plays the **violin**.
그녀는 **바이올린**을 연주한다.

cello
[tʃélou]

(명사) 첼로

She plays the **cello**.
그녀는 **첼로**를 연주한다.

319 • 320

learn
[ləːrn]

동사 배우다, 학습하다

Let's **learn** to play.
연주하는 법을 **배워** 보자.

bow
[bou]

명사 활, (바이올린 등을 켜는) 활

You play the violin with a **bow**.
바이올린은 **활**로 연주한다.

321 • 322

drum
[drʌm]

명사 북, 드럼

Let's play the **drums**.
드럼을 연주해 보자.

drumstick
[drʌ́mstìk]

명사 북채, 드럼스틱

You hit the drums with **drumsticks**.
드럼은 **드럼스틱**으로 친다.

323 • 324

cymbal
[símbəl]

명사 심벌즈(의 한쪽) *복수형 cymbals

You hit the **cymbals** together.
심벌즈는 서로 맞부딪친다.

tambourine
[tæmbəríːn]

명사 탬버린

You shake the **tambourine** with your hands. **탬버린**은 손으로 흔든다.

325

musical instrument

악기 = instrument *musical 음악의, 음악적인

play a **musical instrument**   악기를 연주하다
There are many **musical instruments**.
많은 **악기들**이 있다.

DAY 25

Daily Test

A 그림에 알맞은 단어와 우리말 뜻을 찾아 연결하세요.

1.  • • band • • 기타
2.  • • guitar • • 밴드, 악단
3.  • • cymbals • • 피아노를 연주하다
4.  • • play the piano • • 드럼을 연주하다
5.  • • play the drums • • 심벌즈

B 우리말 뜻에 맞게 주어진 글자를 바르게 배열하여 쓰세요.

1. 콘서트, 연주회   c c o n e r t   _____
2. 바이올린   o l i v i n   _____
3. 첼로   l l c e o   _____
4. 배우다   l r n e a   _____
5. 탬버린   b o u t a r m i n e   _____

Picture Review

● 그림에 알맞은 단어나 표현을 골라 동그라미 한 후, 우리말 뜻과 함께 쓰세요.

1.
   violin | cello

2.
   tambourine | cymbals

3.
   concert | guitar

4.
   drum | drumstick

5.
   learn | shake

6.
   with a bow | with a drumstick

7.
   play the guitar | play the cello

8.
   musical | musical instruments

DAY 26

학습일: 월   일

Listen & Say ① ② ③

326 · 327

rise
[raiz]

[동사] (해, 달이) 뜨다, 떠오르다
The sun is **rising**.
해가 떠오르고 있다.

shine
[ʃain]

[동사] 빛나다, 반짝이다
The sun is **shining**. 해가 빛나고 있다.
Rise and **shine**! 해가 떴어(서 일어나)!

328 · 329

ring
[riŋ]

[동사] (종, 벨 등이) 울리다
The bell is **ringing**. 종이 울리고 있다.
The telephone is **ringing**.
전화가 울리고 있다.

alarm clock
[əláːrm klɑk]

[명사] 자명종, 알람 시계
The **alarm clock** is ringing.
알람 시계가 울리고 있다.

330 · 331

again
[əgén]

[부사] 다시, 또
The clock is ringing **again**.
시계가 다시 울리고 있다.

sleepyhead
[slíːpihèd]

[명사] 잠꾸러기   [형용사] sleepy 졸린   [명사] head 머리
Wake up, **sleepyhead**.
일어나, 잠꾸러기야.

332 · 333

time
[taim]

명사 1. 시간, 때 2. 시각

What **time** is it?
몇 시예요?

o'clock
[əklák]

부사 ~시 (정각)

It's 7 **o'clock**.
7시이다. / 7시 정각이다.

334 · 335

hear
[hiər]

동사 듣다, (귀에) 들리다

Do you **hear** the birds?
저 새들 소리가 들리니?

feel
[fi:l]

동사 느끼다

Do you **feel** the sunshine?
햇살이 느껴지니?

336 · 337

smell
[smel]

동사 1. (~한) 냄새가 나다 2. 냄새를 맡다

It **smells** good.
좋은 냄새가 난다.

breakfast
[brékfəst]

명사 아침(밥), 아침 식사

I can smell **breakfast**.
나는 아침밥 냄새를 맡을 수 있다.

338

It's time to + 동사

~할 시간이다

It's time to get up. 일어날 시간이다.
It's time to go to school. 학교 갈 시간이다.

DAY 26

Daily Test

A 그림에 알맞은 단어와 우리말 뜻을 찾아 연결하세요.

1.  • rise • 뜨다, 떠오르다

2.  • ring • 시간, 때

3.  • alarm clock • (종, 벨이) 울리다

4.  • time • 알람 시계

5.  • sleepyhead • 잠꾸러기

B 우리말 뜻에 맞게 주어진 글자를 바르게 배열하여 쓰세요.

1. 빛나다 — i s h e n _____

2. 듣다 — e a h r _____

3. 느끼다 — l e f e _____

4. (~한) 냄새가 나다 — s l m l e _____

5. 아침 식사 — f a b r s t e a k _____

Picture Review

● 그림에 알맞은 단어나 문장을 골라 동그라미 한 후, 우리말 뜻과 함께 쓰세요.

1.
   hear | feel

2.
   smell | shine

3.
   breakfast | time

4.
   ring | rise

5.
   smell | feel

6.
   sleepyhead | smell

7.
   It's 7 o'clock. | It's 8 o'clock.

8.
   It's time to get up. | It's time to go to bed.

DAY 27

학습일:　　월　　일

Listen & Say 1 2 3

339 · 340

snack
[snæk]

명사 간식, 간단한 식사

I want yummy **snacks**.
나는 맛있는 **간식**이 먹고 싶다.

taste
[teist]

명사 맛　동사 (~한) 맛이 나다

a sweet **taste**　달콤한 맛
It **tastes** sweet.　그것은 달콤한 **맛이 난다**.

341 · 342

cheese
[tʃiːz]

명사 치즈

I love **cheese**.
나는 **치즈**를 아주 좋아한다.

butter
[bʌ́tər]

명사 버터

I love **butter**.　나는 **버터**를 아주 좋아한다.
I love peanut **butter**.
나는 땅콩 **버터**를 아주 좋아한다.

343 · 344

lettuce
[létis]

명사 상추, 양상추

I don't like **lettuce**.
나는 **양상추**를 좋아하지 않는다.

mushroom
[mʌ́ʃruːm]

명사 버섯

I don't like **mushrooms**.
나는 **버섯**을 좋아하지 않는다.

spread
[spred]

[동사] 1. 펴다 2. (버터 등을) 바르다

spread butter 버터를 바르다

add
[æd]

[동사] 1. 더하다, 추가하다
2. (수를) 더하다, 합산하다 [명사] **addition** 덧셈

add jam 잼을 추가하다
Add 15 and 17. 15와 17을 더하세요.

first
[fəːrst]

[부사] 우선, 맨 먼저 [형용사] 첫 번째의

First, spread the butter.
먼저, 버터를 발라라.

next
[nekst]

[부사] 그다음에, 그 뒤에 [형용사] (바로) 다음의

Next, add the lettuce and the cheese.
그다음에 양상추와 치즈를 더해라.

then
[ðen]

[부사] 그러고 나서, 그런 다음에는

Then, add the tomatoes.
그러고 나서 트마토를 추가해라.

last
[læst]

[동사] 마지막으로 [형용사] 마지막의, 지난

Last, add the bread on top.
마지막으로, 맨 위에 빵을 더해라.
the **last** cookie 마지막 (남은) 쿠키

It's time for + 명사

~할 시간이다

It's time for lunch. 점심 먹을 시간이다.
It's time for a snack. 간식 먹을 시간이다.

DAY 27

Daily Test

A 그림에 알맞은 단어와 우리말 뜻을 찾아 연결하세요.

B 우리말 뜻에 맞게 주어진 글자를 바르게 배열하여 쓰세요.

1. (~한) 맛이 나다   s t t a e   _____
2. (버터 등을) 바르다   r e a s p d   _____
3. 버터   t t e b u r   _____
4. 양상추   t t l e u c e   _____
5. 버섯   r m u o o s h m   _____

Picture Review

● 그림에 알맞은 단어나 문장을 골라 동그라미 한 후, 우리말 뜻과 함께 쓰세요.

1.
butter | cheese

2.
smell | snack

3.
feel | taste

4.
first | next

5.
then | last

6.
spread butter | spread jam

7.
add cheese | add mushrooms

8.
It's time for a snack. | It's time for school.

141

DAY 28

학습일: 월   일

Listen & Say 1 2 3

352 • 353

day
[dei]

[명사] 1. 하루, 날 2. 낮 [반의어] night 밤

What **day** is it today? 오늘 무슨 **요일**이지?
a field **day** 운동회 날

week
[wiːk]

[명사] 주, 일주일

this **week** 이번 주
five days a **week** 일주일에 5일

354 • 355

month
[mʌnθ]

[명사] 달, 월, 1개월

this **month** 이번 달
next **month** 다음 달

year
[jiər]

[명사] 1. 해, 연, 1년 2. (나이) ~살

A **year** has 12 months. 1년은 12달이다.
I'm 14 **years** old. 나는 14살이다.

356 • 357

Monday
[mʌ́ndei]

[명사] 월요일 *약어 Mon.

It's **Monday**.
월요일이다.

Tuesday
[tjúːzdei]

[명사] 화요일 *약어 Tue.

It's **Tuesday**.
화요일이다.

358 • 359

Wednesday
[wénzdei]

명사 수요일   *약어 Wed.

What do you do on **Wednesday**?
수요일에 너는 무엇을 하니?
On **Wednesday**, I play baseball.
수요일에 나는 야구를 한다.

Thursday
[θə́ːrzdei]

명사 목요일   *약어 Thu.

On **Thursday**, I play the piano.
목요일에 나는 피아노를 친다.

360 • 361

Friday
[fráidei]

명사 금요일   *약어 Fri.

I clean my room on **Friday**.
금요일에 나는 내 방을 청소한다.

Saturday
[sǽtərdei]

명사 토요일   *약어 Sat.

I cook on **Saturday**.
토요일에 나는 요리를 한다.

362 • 363

Sunday
[sʌ́ndei]

명사 일요일   *약어 Sun.

I go to church on **Sunday**.
일요일에 나는 교회에 간다.

weekend
[wíkend]

명사 주말

What do you do on the **weekend**?
주말에 너는 무엇을 하니?

364

days of the week

요일

the seven **days of the week**
일곱 개의 **요일**
Can you say the **days of the week**?
너는 **요일**을 말할 수 있니?

143

DAY 28

Daily Test

A 그림에 알맞은 단어와 우리말 뜻을 찾아 연결하세요.

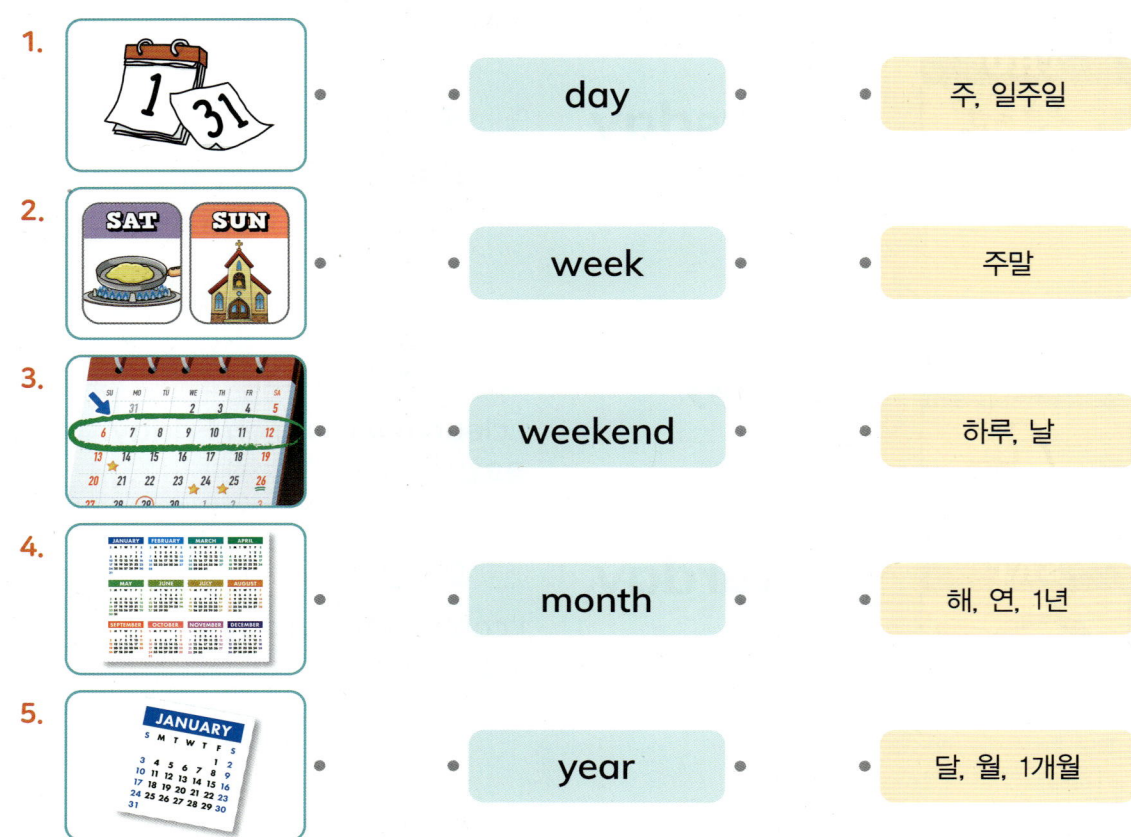

B 우리말 뜻에 맞게 주어진 글자를 바르게 배열하여 쓰세요.

1. 화요일   e u s T d a y
2. 수요일   d y a W e n e s d
3. 목요일   u r T h s a d y
4. 금요일   d i a F r y
5. 토요일   a S d t u a r y

Picture Review

● 그림에 알맞은 단어나 표현을 골라 동그라미 한 후, 우리말 뜻과 함께 쓰세요.

1.
   week | weekend

2.
   month | year

3.
   day | year

4.
   this week | next week

5.
   on Tuesday | on Thursday

6.
   on Saturday | on Sunday

7.
   on Saturday | on the weekend

8.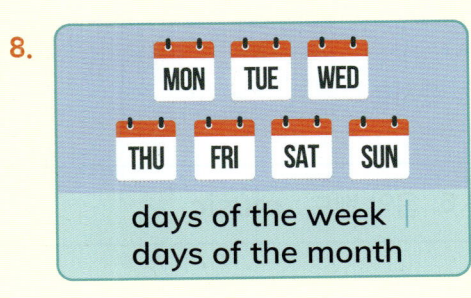
   days of the week | days of the month

DAY 25-28 Review Test 07

A 다음 그림을 보고, 우리말에 해당하는 단어를 영어로 쓰세요.

1. (종이) 울리다 : _____
2. 듣다 : _____
3. 빛나다 : _____
4. 아침 식사 : _____

5. 콘서트 : _____
6. 음악 밴드 : music _____
7. 드럼을 연주하다 : play the _____
8. 기타를 연주하다 : play the _____

B 그림에 알맞은 단어를 골라 동그라미 하세요.

1.  violin / cello

2.  bow / drumstick

3.  rise / ring

4.  o'clock / alarm clock

5.  feel / feed

6.  snack / breakfast

7.  spread / sleepyhead

8.  butter / cheese

9. week / weekend

10. day / month

C 그림을 보고, 빈칸에 알맞은 말을 넣으세요.

1. It's time _____ get up.

2. It's time _____ lunch.

3. It's _____.

4. I cook on _____.

D 우리말과 같은 뜻이 되도록 빈칸에 알맞은 단어를 넣으세요.

1. 악기를 연주하다   play a musical _____
2. 좋은 냄새가 나다   _____ good
3. 달콤한 맛이 나다   _____ sweet
4. 이번 주   this _____
5. 다음 달   next _____

E 그림을 보고, 빈칸에 공통으로 들어갈 알맞은 알파벳을 쓰세요.

1. r_s_  t_m_

2. fir___  la___

3. h____  y____

F 읽을 수 있는 단어에 체크한 후, 우리말 뜻을 빈칸에 써 보세요.

☐ concert	_____	☐ snack	_____
☐ band	_____	☐ taste	_____
☐ violin	_____	☐ spread	_____
☐ cello	_____	☐ add	_____
☐ learn	_____	☐ first	_____
☐ bow	_____	☐ next	_____
☐ drum	_____	☐ then	_____
☐ tambourine	_____	☐ last	_____
☐ rise	_____	☐ day	_____
☐ shine	_____	☐ week	_____
☐ ring	_____	☐ month	_____
☐ time	_____	☐ year	_____
☐ hear	_____	☐ Friday	_____
☐ feel	_____	☐ Saturday	_____
☐ smell	_____	☐ Sunday	_____
☐ breakfast	_____	☐ weekend	_____

DAY 29

학습일:　　월　　일

Listen & Say ① ② ③

365 • 366

street
[striːt]

(명사) 거리, 길거리
walk on the **street**　거리를 걷다

cross
[krɔːs]

(동사) 건너다, 가로지르다
cross the street　길을 건너다

367 • 368

building
[bíldiŋ]

(명사) 건물, 빌딩　(동사) build (건물을) 짓다, 건축하다
many tall **buildings**　많은 높은 빌딩들

shop
[ʃap]

(명사) 가게, 상점　= store
(동사) (물건을) 사다, 쇼핑하다
many **shops**　많은 상점들
She loves to **shop**.
그녀는 **쇼핑하는** 걸 아주 좋아한다.

369 • 370

road
[roud]

(명사) (차가 다니는) 도로
He is driving on the **road**.
그는 **도로**에서 운전하고 있다.

sign
[sain]

(명사) 표지판, 간판
road **signs**　도로 표지판들
There are many road **signs**.
도로 **표지판**이 많다.

371 • 372

stop
[stɑp]

[동사] 멈추다, 서다　[명사] 멈춤, 정류장

Stop at **stop** signs. 정지 표지에서 멈추시오.
bus **stop** 버스 정류장

move
[muːv]

[동사] 움직이다

Move at green lights.
파란불에서 움직이시오.

373 • 374

corner
[kɔ́ːrnər]

[명사] (길)모퉁이, 코너

at the **corner** 길모퉁이에서

turn
[təːrn]

[동사] 1. 돌리다 2. 돌다

Turn your car. 차를 돌려라.
Turn at the corner. 코너에서 돌아라.

375 • 376

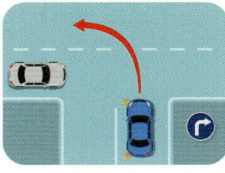

left
[left]

[부사] 왼쪽으로　[형용사] 왼쪽의　[명사] 왼쪽

Turn **left**. 왼쪽으로 도시오.
It's on your **left**. 그것은 당신의 왼쪽에 있다.

right
[rait]

[부사] 오른쪽으로　[형용사] 오른쪽의　[명사] 오른쪽

Turn **right**. 오른쪽으로 도시오.
It's on your **right**. 그것은 당신의 오른쪽에 있다.

377

(교통) 신호등

Turn left at the **traffic light**.
신호등에서 왼쪽으로 도세요.
Always follow **traffic lights**.
항상 교통 신호등을 따르세요.

DAY 29 — Daily Test

A 그림에 알맞은 단어와 우리말 뜻을 찾아 연결하세요.

1.
2.
3.
4.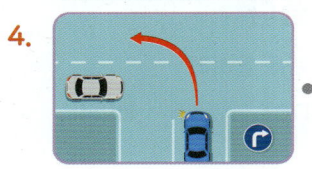
5.

- street
- shop
- sign
- turn left
- turn right

- 가게, 상점
- 거리, 길거리
- 표지판, 간판
- 오른쪽으로 돌다
- 왼쪽으로 돌다

B 우리말 뜻에 맞게 주어진 글자를 바르게 배열하여 쓰세요.

1. 건너다 — o s c r s
2. 건물 — i b u i l d n g
3. 도로 — a r o d
4. 움직이다 — o v m e
5. (길)모퉁이 — n e r r c o

Picture Review

● 그림에 알맞은 단어나 문장을 골라 동그라미 한 후, 우리말 뜻과 함께 쓰세요.

1.
road | right

2.
shop | street

3.
stop | move

4.
corner | cross

5.
corner | turn

6.
street | road signs

7.
traffic light | stop sign

8.
It's on your left. | It's on your right.

DAY 30

학습일: 월   일

Listen & Say 1 2 3

378・379

word
[wəːrd]

[명사] 단어, 낱말

Read the **words**.
다음 **단어들**을 읽으세요.

sentence
[séntəns]

[명사] 문장

Read the **sentences**.
다음 **문장들**을 읽으세요.

380・381

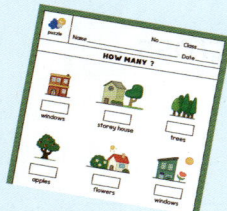

test
[test]

[명사] 1. 시험 2. 검사

an English **test**   영어 시험
an eye **test**   시력 검사

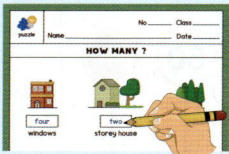

answer
[ǽnsər]

[명사] 대답, 답 [동사] 대답하다   반의어 ask 묻다

Answer the questions.
다음 질문에 **답하세요**.

382・383

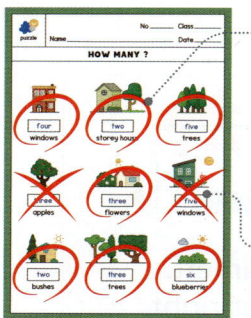

correct
[kərékt]

[형용사] 맞는, 정확한   유의어 right 맞는, 올바른

the **correct** answer   맞는 답, 정답
That's **correct**.   맞습니다(정답입니다).

wrong
[rɔːŋ]

[형용사] 틀린, 잘못된

the **wrong** answer   틀린 답, 오답
That's **wrong**.   틀렸습니다(오답입니다).

384 · 385

choose
[tʃuːz]

(동사) 고르다, 선택하다

Choose the correct word.
알맞은 단어를 **고르세요**.

circle
[sə́ːrkl]

(동사) 동그라미를 그리다   (명사) 동그라미, 원형

Circle the correct answer.
알맞은 답에 **동그라미 하세요**.

386 · 387

check
[tʃek]

(동사) 확인하다, 체크하다

Listen and **check** the box.
잘 듣고 박스에 **체크하세요**.

match
[mætʃ]

(동사) (관련 있는 것을) 연결시키다

Match the words with the correct pictures.   다음 단어를 알맞은 그림과 **연결하세요**.

388 · 389

spell
[spel]

(동사) (단어의) 철자를 말하다[쓰다]

*spelling bee 철자법(에 맞게 글자 쓰기) 대회

Spell the word.   다음 단어의 **철자를 말하세요**.

mean
[miːn]

(동사) 의미하다, 뜻하다

What does the word **mean**?
그 단어는 무엇을 **의미하나요**?

It **means** a house for a dog.
개를 위한 집(개집)이라는 **뜻이에요**.

390

check out

(~에 대해) 알아보다, 확인해 보다

Check out this new song.
이 새 노래를 **한번 들어봐**.

Wow, **check out** that car!
와, 저 차 좀 **봐봐**!

DAY 30 Daily Test

A 그림에 알맞은 단어와 우리말 뜻을 찾아 연결하세요.

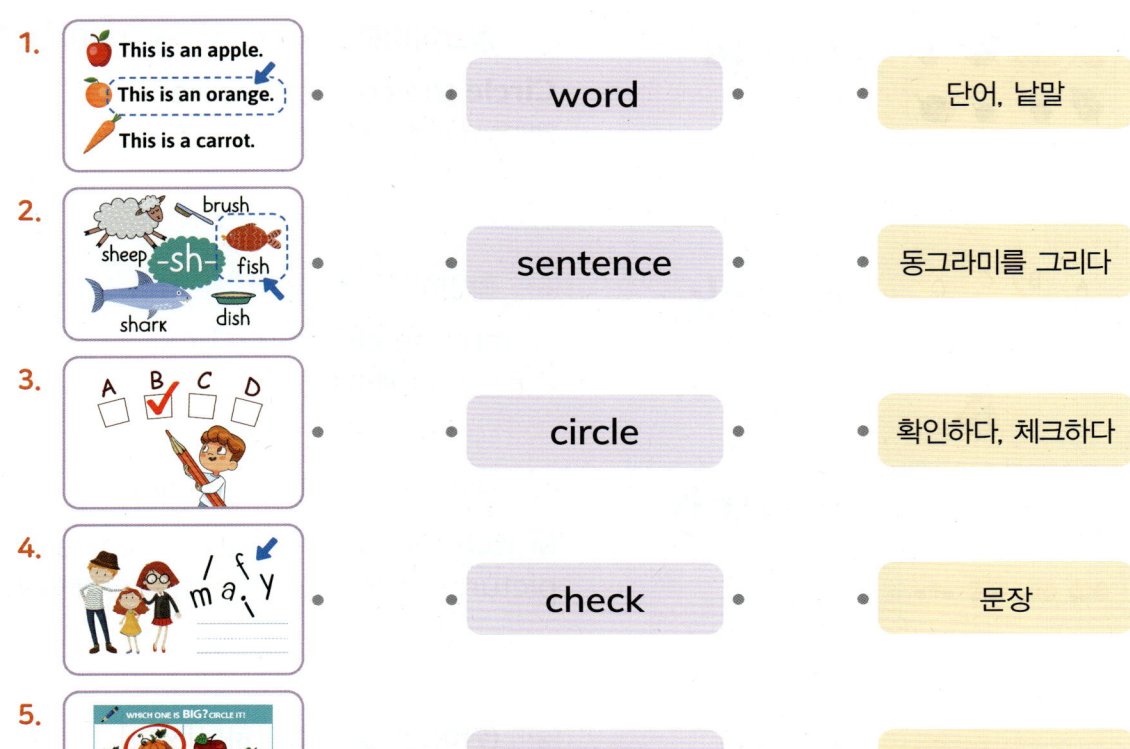

B 우리말 뜻에 맞게 주어진 글자를 바르게 배열하여 쓰세요.

1. 대답하다 — s w a n e r — _____
2. 고르다 — o o s c h e — _____
3. 맞는, 정확한 — r e c c o t r — _____
4. 틀린, 잘못된 — o w n g r — _____
5. 의미하다, 뜻하다 — n a m e — _____

Picture Review

● 그림에 알맞은 단어나 표현을 골라 동그라미 한 후, 우리말 뜻과 함께 쓰세요.

1.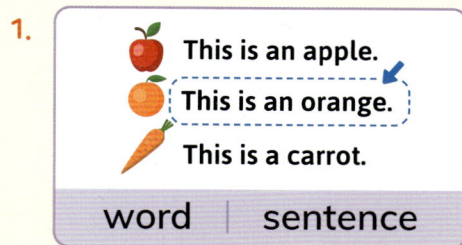
word | sentence

2.
correct | circle

3.
correct | wrong

4.
match | choose

5.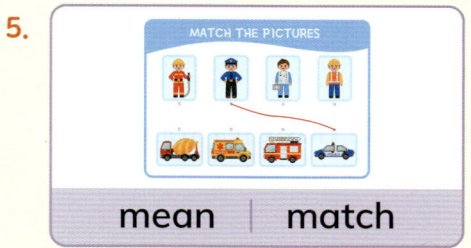
mean | match

6.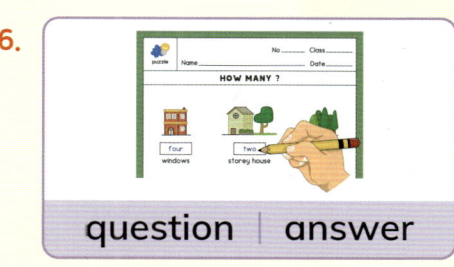
question | answer

7.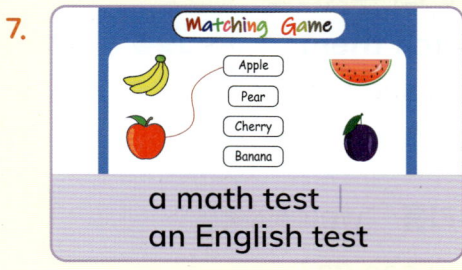
a math test | an English test

8.
check out | look out

DAY 31

학습일:　　월　　일

Listen & Say 1 2 3

391 · 392

Africa
[ǽfrikə]

명사 아프리카

We are in **Africa**.
우리는 **아프리카**에 있다.

safari
[səfáːri]

명사 사파리 (여행) *야생 동물을 구경하거나 사냥하는 여행

go on **safari**　사파리 여행을 가다
We are at the **safari** park.
우리는 **사파리** 공원에 있다.

393 · 394

wild
[waild]

형용사 야생의, 길들여지지 않은

We watch **wild** animals.
우리는 **야생** 동물들을 구경한다.

hunt
[hʌnt]

동사 사냥하다

Wild animals **hunt** for food.
야생 동물들은 먹이를 **사냥한다**.

395 · 396

them
[ðem]

대명사 그들을, 그것들을　*they의 목적격

We watch **them**.　우리는 **그들을** 지켜본다.
Can you see **them**?
너는 **그들을** 볼 수 있니(**그들이** 보이니)?

us
[əs]

대명사 우리를　*we의 목적격

Can you see **us**?
너는 **우리를** 볼 수 있니(**우리가** 보이니)?

397 • 398

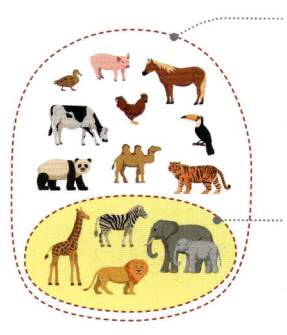

all [ɔːl]

형용사 모든　대명사 모두, 다

All animals need a home.
모든 동물은 집이 필요하다.

some [səm]

형용사 일부의, 어떤　대명사 일부, 어떤 것

Some animals live in Africa.
어떤 동물들은 아프리카에 산다.
Some live in Africa. 어떤 것은 아프리카에 산다.

399 • 400

lion [láiən]

명사 사자

Lions live in Africa.
사자는 아프리카에 산다.

tiger [táigər]

명사 호랑이

Tigers don't live in Africa.
호랑이는 아프리카에 살지 않는다.

401 • 402

or [ɔːr]

접속사 또는, 혹은, 아니면

Is it big **or** little? 그것은 크니, 혹은 작니?
Do you like dogs **or** cats?
너는 개를 좋아하니, 아니면 고양이를 좋아하니?

but [bʌt]

접속사 그러나, 하지만

I like dogs, **but** I don't like cats.
나는 개는 좋아하지만 고양이는 좋아하지 않는다.

403

wild animals

야생 동물들

Lions and tigers are **wild animals**.
사자와 호랑이는 야생 동물이다.
Wild animals live in the wild.
야생 동물들은 야생에서 산다.

DAY 31

Daily Test

A 그림에 알맞은 단어와 우리말 뜻을 찾아 연결하세요.

1. 　•　•　safari　•　•　사냥하다

2. 　•　•　hunt　•　•　사파리 여행

3. 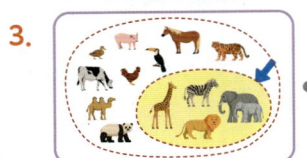　•　•　all　•　•　모든

4. 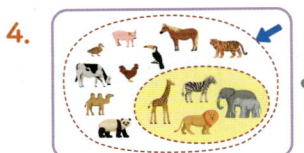　•　•　some　•　•　야생 동물들

5. 　•　•　wild animals　•　•　일부의, 어떤

B 우리말 뜻에 맞게 주어진 글자를 바르게 배열하여 쓰세요.

1. 아프리카　　r i A c f a
2. 야생의　　l w i d
3. 그들을　　e t h m
4. 호랑이　　r t g e i
5. 그러나, 하지만　　u t b

Picture Review

● 그림에 알맞은 단어나 문장을 골라 동그라미 한 후, 우리말 뜻과 함께 쓰세요.

1.
some | safari

2.
all | some

3.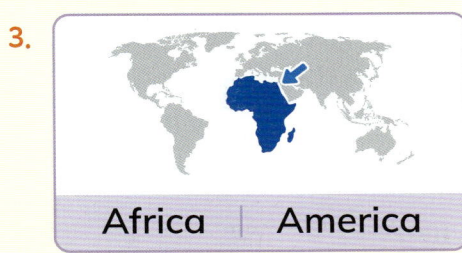
Africa | America

4.
but | hunt

5.
kind | wild

6.
at the zoo | at the safari park

7.
farm animals | wild animals

8.
Is it big or little? | Is it big but little?

DAY 32

학습일: 월   일

Listen & Say 1 2 3

404 • 405

farmer
[fáːrmər]

명사 농부

He is a **farmer**.
그는 **농부**이다.

grow
[grou]

동사 1. (식물을) 재배하다 2. 자라다, 크다

Farmers **grow** food. 농부는 식량을 **재배한다**.
Some plants **grow** in the desert.
어떤 식물들은 사막에서 **자란다**.

406 • 407

seed
[siːd]

명사 씨, 씨앗

Plants grow from **seeds**.
식물은 **씨앗**에서 자라난다.

tasty
[téisti]

형용사 맛있는 = delicious

Some seeds are **tasty**. 어떤 씨앗들은 **맛이 좋다**.
tasty food   **맛있는** 음식

408 • 409

soft
[sɔːft]

형용사 부드러운, 연한

Some seeds are **soft**.
어떤 씨앗들은 **부드럽다**.

hard
[haːrd]

형용사 단단한, 딱딱한

Some seeds are **hard**.
어떤 씨앗들은 **단단하다**.

410 · 411

dig
[dig]

[동사] (땅을) 파다

First, a farmer **digs** a hole.
먼저, 농부는 구멍을 **판다**.

plant
[plænt]

[동사] (나무, 씨앗 등을) 심다 [명사] 식물

Next, he **plants** the seeds.
그다음에 그는 씨앗을 **심는다**.

412 · 413

water
[wɔ́:tər]

[동사] (화초 등에) 물을 주다 [명사] 물

Then, he **waters** the seeds.
그러고 나서 그는 씨앗에 **물을 준다**.

wait
[weit]

[동사] 기다리다

Last, he **waits** and **waits**.
마지막으로, 그는 **기다리고** 또 **기다린다**.

414 · 415

just
[dʒʌst]

[부사] 1. 바로, 마침 2. 그냥, 단지

just then   바로 그때
Just wait and see. **그냥** 기다려 봐.

soon
[su:n]

[부사] 곧, 머지않아

Soon, you can see a green plant.
곧 너는 푸른 식물을 볼 수 있다.

416

come from

~에서 오다, ~에서 나오다   = be from

Fruits **come from** plants.
과일은 식물**에서 나온다**.

Many foods **come from** plants.
많은 음식은 식물로부터 온다.

DAY 32

Daily Test

A 그림에 알맞은 단어와 우리말 뜻을 찾아 연결하세요.

1.  • grow • (식물을) 재배하다

2.  • seed • 물을 주다

3.  • dig • 씨, 씨앗

4.  • water • (땅을) 파다

5.  • wait • 기다리다

B 우리말 뜻에 맞게 주어진 글자를 바르게 배열하여 쓰세요.

1. 농부 — m f e a r r _____

2. 맛있는 — s t a t y _____

3. 부드러운 — f s o t _____

4. 그냥, 단지 — s j t u _____

5. (씨앗을) 심다 — a n p l t _____

Picture Review

● 그림에 알맞은 단어나 표현을 골라 동그라미 한 후, 우리말 뜻과 함께 쓰세요.

1.
   farm | farmer

2.
   seed | soon

3.
   tasty | just

4.
   soft | hard

5.
   water | wait

6.
   dig a hole | grow

7.
   plant the seeds
   water the seeds

8.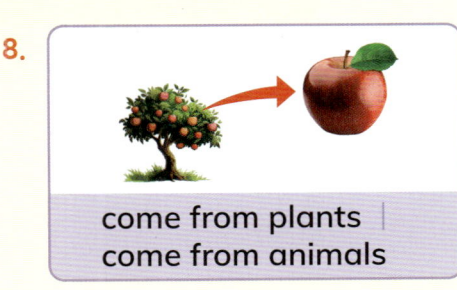
   come from plants
   come from animals

Review Test 08

DAY 29-32

A 다음 그림을 보고, 우리말에 해당하는 단어나 표현을 영어로 쓰세요.

1. 버스 정류장 : _____
2. 표지판 : _____
3. 단어 : _____
4. 기다리다 : _____ 
5. 도로 : _____
6. 교통 신호등 : _____ 
7. 확인하다 : _____
8. 건너다 : _____

B 그림에 알맞은 단어를 골라 동그라미 하세요.

1.  build / building

2.  corner / circle

3. 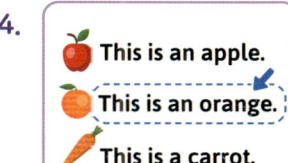 left / right

4.  spell / sentence

5.  choose / cross

6.  lion / tiger

7.  wild / street

8.  stop / seed

9.  farm / farmer

10. wait / water

C 그림을 보고, 빈칸에 알맞은 말을 넣으세요.

1.

    Turn _____.

2.

    It's on your _____.

3.

    We watch _____ animals.

4.

    Some seeds are _____.

D 우리말과 같은 뜻이 되도록 빈칸에 알맞은 단어를 넣으세요.

1. 거리를 걷다   walk on the _____
2. 오답   the _____ answer
3. 어떤 동물들   _____ animals
4. 먹이를 사냥하다   _____ for food
5. 구멍을 파다   _____ a hole

E 주어진 단어와 반대의 뜻을 가진 단어를 <보기>에서 골라 쓰세요.

| answer | soft | move |

1. stop   _____
2. ask   _____
3. hard   _____

F 읽을 수 있는 단어에 체크한 후, 우리말 뜻을 빈칸에 써 보세요.

- [ ] street _____
- [ ] cross _____
- [ ] stop _____
- [ ] move _____
- [ ] corner _____
- [ ] turn _____
- [ ] left _____
- [ ] right _____
- [ ] word _____
- [ ] sentence _____
- [ ] answer _____
- [ ] correct _____
- [ ] wrong _____
- [ ] choose _____
- [ ] check _____
- [ ] mean _____

- [ ] Africa _____
- [ ] safari _____
- [ ] wild _____
- [ ] hunt _____
- [ ] all _____
- [ ] some _____
- [ ] or _____
- [ ] but _____
- [ ] farmer _____
- [ ] grow _____
- [ ] soft _____
- [ ] hard _____
- [ ] dig _____
- [ ] plant _____
- [ ] water _____
- [ ] wait _____

들을 수 있는 단어에 체크한 후, 우리말 뜻을 찾아써 보세요.

street		Africa
cross		satan
stop		wild
move		hunt
corner		all
turn		some
left		or
right		out
word		farmer
sentence		grow
answer		soft
correct		hard
wrong		dig
choose		plant
check		water
mean		wait

DAY 01

Daily Test .... p. 12

A

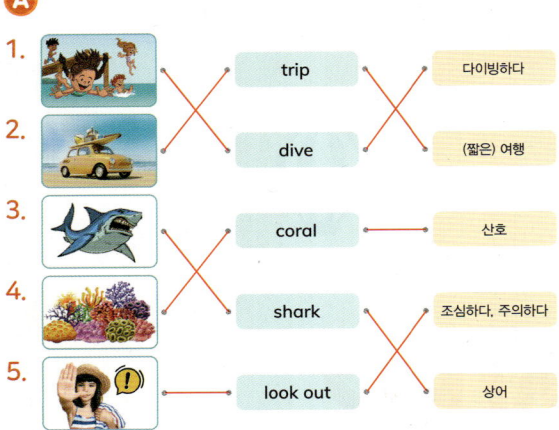

1. trip — (짧은) 여행
2. dive — 다이빙하다
3. shark — 상어
4. coral — 산호
5. look out — 조심하다, 주의하다

B

1. vacation
2. colorful
3. dolphin
4. sharp
5. octopus

Picture Review .... p. 13

1. colorful 형형색색의, 다채로운
2. sharp 날카로운, 뾰족한
3. octopus 문어
4. dolphin 돌고래
5. scary 무서운, 겁나는
6. whale 고래
7. under the sea 바다 밑에, 바닷속에
8. summer vacation 여름 방학

DAY 02

Daily Test .... p. 16

A

1. mother — 어머니
2. father — 아버지
3. parents — 부모님
4. her name — 그녀의 이름
5. his name — 그의 이름

B

1. grandmother
2. uncle
3. aunt
4. daughter
5. great

Picture Review .... p. 17

1. grandfather 할아버지
2. parents 부모님
3. aunt 고모, 이모, 숙모, 외숙모
4. daughter 딸
5. great 훌륭한, 대단한, 정말 좋은
6. uncle 삼촌, 외삼촌, 고모부, 이모부
7. her name 그녀의 이름
8. family tree 가계도, 족보

DAY 03

Daily Test .... p. 20

A

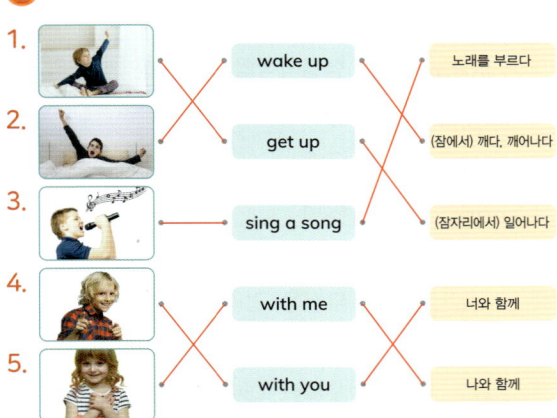

B
1. early
2. late
3. funny
4. bedtime
5. dream

Picture Review .... p. 21

1. **wake up** (잠에서) 깨다, 깨어나다
2. **bedtime** 잠잘 시간, 취침 시간
3. **dream** 꿈; 꿈을 꾸다
4. **give** 주다
5. **late** 늦은; 늦게
6. **with you** 너와 함께
7. **early morning** 이른 아침
8. **Have a good night.** 안녕히 주무세요. / 잘 자.

DAY 04

Daily Test .... p. 24

A

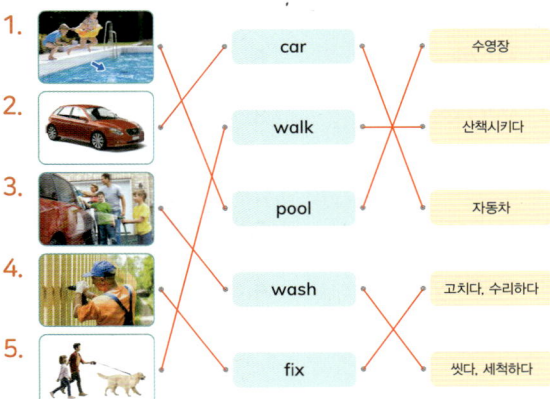

B
1. nice
2. market
3. fence
4. kind
5. really

Picture Review .... p. 25

1. **walk** 걷다, 산책하다, 산책시키다; 산책
2. **fence** 울타리, 담
3. **kind** 친절한, 다정한
4. **pool** 수영장
5. **market** 시장
6. **a nice car** 멋진 자동차
7. **wash the car** 차를 닦다, 세차하다
8. **my aunt and I** 우리 이모[고모]와 나

DAY 01-04 Review Test 01 — p. 26

A
1. trip
2. vacation
3. uncle
4. aunt
5. dive
6. dream
7. wake
8. walk

B
1. whale
2. colorful
3. scary
4. parents
5. son
6. her
7. give
8. pool
9. market
10. bedtime

C
1. family tree
2. out
3. nice/good/great
4. night

D
1. sharp
2. scary
3. wash
4. fix
5. and

E
1. early
2. daughter
3. get up

F

☐	vacation	방학, 휴가
☐	trip	(짧은) 여행
☐	colorful	형형색색의, 다채로운
☐	dolphin	돌고래
☐	whale	고래
☐	shark	상어
☐	sharp	날카로운, 뾰족한
☐	scary	무서운, 겁나는
☐	parents	부모님 (아버지와 어머니)
☐	great	훌륭한, 대단한, 정말 좋은
☐	uncle	삼촌, 외삼촌, 고모부, 이모부
☐	aunt	고모, 이모, 숙모, 외숙모
☐	son	아들
☐	daughter	딸
☐	his	그의, 그 남자의
☐	her	그녀의, 그 여자의
☐	wake	(잠이) 깨다, 눈을 뜨다
☐	get up	(잠자리에서) 일어나다
☐	early	이른, 빠른; 일찍, 빨리
☐	late	늦은; 늦게
☐	bedtime	잠잘 시간, 취침 시간
☐	dream	꿈; 꿈을 꾸다
☐	kiss	키스, 입맞춤; 키스하다, 입맞추다
☐	give	주다
☐	nice	좋은, 멋진
☐	wash	씻다, 세탁하다, 세척하다
☐	pool	수영장
☐	market	시장
☐	fence	울타리, 담
☐	fix	고치다, 수리하다
☐	kind	친절한, 다정한
☐	really	정말로, 진짜로

DAY 05

Daily Test .... p. 32

A

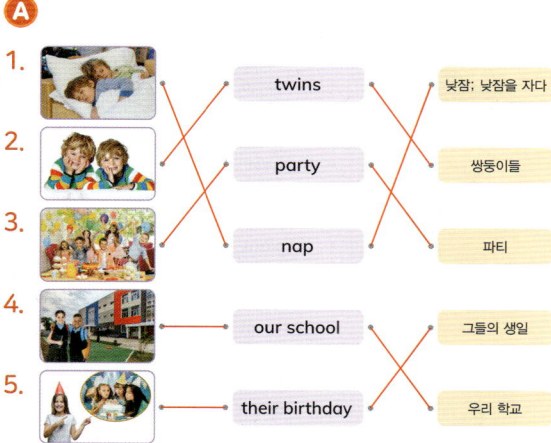

B
1. together
2. always
3. story
4. thank
5. birthday

Picture Review .... p. 33

1. their 그들의, 그것들의
2. both 둘 다의, 양쪽의; 둘 다, 양쪽 다
3. present 선물
4. together 함께, 같이
5. twin 쌍둥이 (중의 한 명)
6. story 이야기
7. have a party 파티를 하다
8. every day 매일, 날마다

DAY 06

Daily Test .... p. 36

A

B
1. player
2. baseball
3. basketball
4. badminton
5. throw

Picture Review .... p. 37

1. player 선수
2. basketball 농구, 농구공
3. badminton 배드민턴
4. throw 던지다
5. team (스포츠 경기 등에서) 팀, 조
6. kick a ball 공을 차다
7. a baseball player 야구 선수
8. play catch 캐치볼을 하다

DAY 07

Daily Test .... p. 40

A

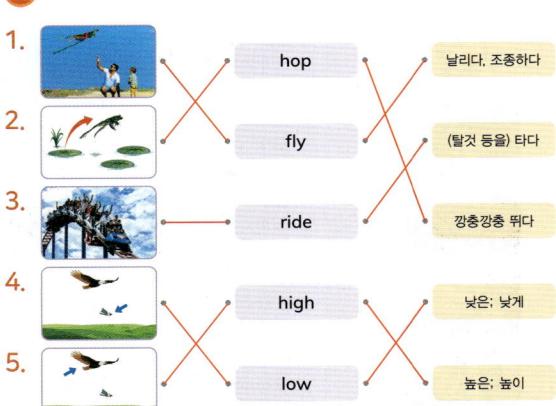

1. — hop — 날리다, 조종하다
2. — fly — (탈것 등을) 타다
3. — ride — 깡충깡충 뛰다
4. — high — 낮은; 낮게
5. — low — 높은; 높이

B

1. caterpillar
2. crawl
3. climb
4. excited
5. scared

Picture Review .... p. 41

1. **crawl** 기다, 기어가다
2. **climb** 오르다, 올라가다
3. **scared** 무서워하는, 겁먹은
4. **amusement park** 놀이공원
5. **a high mountain** 높은 산
6. **fly high** 높이 날다
7. **I like him.** 나는 그를 좋아한다.
8. **I'm excited.** 나는 신이 난다.

DAY 08

Daily Test .... p. 44

A

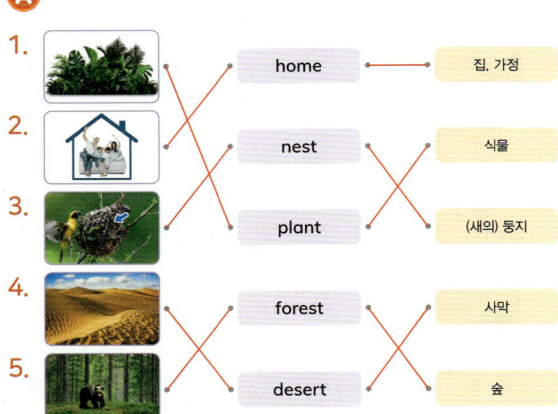

1. — home — 집, 가정
2. — nest — 식물
3. — plant — (새의) 둥지
4. — forest — 사막
5. — desert — 숲

B

1. place
2. rainforest
3. grassland
4. camel
5. everywhere

Picture Review .... p. 45

1. **nest** (새의) 둥지
2. **web** 거미줄, 거미집
3. **desert** 사막
4. **forest** 숲
5. **plant** 식물
6. **jungle** 밀림(지대), 정글
7. **ocean animals** 해양 동물들, 바다에 사는 동물들
8. **live in grasslands** 초원지대에서 살다

DAY 05-08 Review Test 02   p. 46

A
1. player
2. basketball
3. soccer
4. baseball
5. climb
6. fly
7. excited
8. scared

B
1. twins
2. badminton
3. nap
4. kick
5. hop
6. present
7. ride
8. low
9. caterpillar
10. nest

C
1. soccer
2. climb
3. crawling
4. flying

D
1. together
2. play
3. hit
4. children
5. deserts

E
1. plant
2. fly high
3. throw

F

☐	twin	쌍둥이 (중의 한 명)
☐	both	둘 다의, 양쪽의; 둘 다, 양쪽 다
☐	together	함께, 같이
☐	always	항상, 늘, 언제나
☐	story	이야기
☐	party	파티, 모임
☐	birthday	생일
☐	present	선물
☐	child	아이, 어린이
☐	team	(스포츠 경기 등에서) 팀, 조
☐	soccer	축구
☐	kick	(발로) 차다; 킥, 차기
☐	baseball	야구, 야구공
☐	basketball	농구, 농구공
☐	badminton	배드민턴
☐	throw	던지다
☐	hop	깡충깡충 뛰다
☐	climb	오르다, 올라가다
☐	caterpillar	애벌레
☐	crawl	기다, 기어가다
☐	fly	날다, (연 등을) 날리다, 조종하다
☐	ride	(탈것 등을) 타다; 타기
☐	excited	신이 난, 들뜬
☐	scared	무서워하는, 겁먹은
☐	home	(가족이 함께 사는) 집, 가정
☐	place	장소, 곳
☐	forest	숲
☐	grassland	초원(지대)
☐	camel	낙타
☐	desert	사막
☐	web	거미줄, 거미집
☐	plant	식물

DAY 09

Daily Test .... p. 52

A

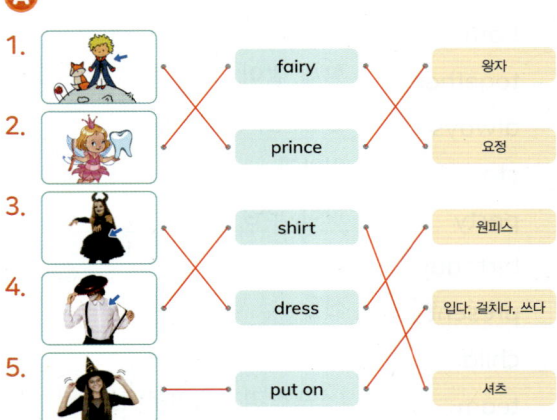

B

1. princess
2. witch
3. wizard
4. ghost
5. monster

Picture Review .... p. 53

1. princess 공주
2. wizard 마법사
3. ghost 유령, 귀신
4. monster 괴물
5. witch 마녀
6. put on (옷, 모자 등을) 입다, 걸치다, 쓰다
7. fairy tale 동화, 옛날이야기
8. dress up for Halloween
   핼러윈을 위해 분장하다

DAY 10

Daily Test .... p. 56

A

1. — these — 저것들
2. — those — 이것들
3. — try — 시도하다, 해 보다
4. — too big — 너무 작은
5. — too small — 너무 큰

B

1. shoes
2. pants
3. shorts
4. quickly
5. grow

Picture Review .... p. 57

1. that 저; 저것
2. those 저; 저것들
3. shoes 신발 (두 짝)
4. shorts 반바지
5. pants 바지
6. these socks 이 양말들
7. too small 너무 작은
8. just right 딱 알맞은, 딱 좋은

DAY 11

Daily Test 60

A

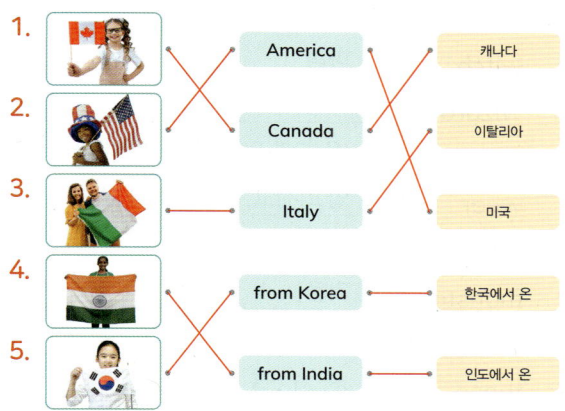

B

1. country
2. England
3. Germany
4. France
5. Japan

Picture Review .... p. 61

1. China 중국
2. Italy 이탈리아
3. England 영국, 잉글랜드
4. Germany 독일
5. Japan 일본
6. America 미국
7. from France 프랑스에서, 프랑스에서 온
8. He is from Canada. 그는 캐나다 출신이다.

DAY 12

Daily Test 64

A

1. 🏠 — build — 나무, 목재
2. 🪵 — brick — 돌집
3. 🧱 — wood — 벽돌
4. 🏚 — stone house — (건물을) 짓다, 세우다
5. 🏡 — mud house — 흙집

B

1. sandcastle
2. straw
3. stick
4. fireplace
5. chimney

Picture Review .... p. 65

1. mud 진흙
2. sandcastle 모래성
3. fireplace 벽난로
4. Mrs. Brown 브라운 부인, 브라운 선생님
5. straw house 초가집
6. brick house 벽돌집
7. build a stick house 나무집을 짓다
8. It's made of wood. 그것은 목재로 만들어진다.

Review Test 03

DAY 09-12 — p. 66

A
1. fairy
2. monster
3. princess
4. prince
5. wizard
6. straw
7. stick
8. brick

B
1. dress
2. ghost
3. these
4. those
5. shoes
6. pants
7. Italy
8. France
9. mud
10. sandcastle

C
1. Put
2. wearing
3. Germany
4. mud

D
1. dress
2. from
3. try
4. quickly
5. build

E
1. witch
2. too small
3. princess

F

☐	fairy	(이야기 속의) 요정
☐	tale	이야기, 소설
☐	witch	마녀
☐	wizard	마법사
☐	put on	(옷, 모자 등을) 입다, 걸치다, 쓰다
☐	wear	입고[신고, 쓰고, 끼고] 있다
☐	ghost	유령, 귀신
☐	monster	괴물
☐	these	이; 이것들
☐	those	저; 저것들
☐	shoes	신발 (두 짝)
☐	socks	양말 (두 짝)
☐	pants	바지
☐	shorts	반바지
☐	try	노력하다, 시도하다, 해 보다
☐	quickly	빨리, 빠르게
☐	country	국가, 나라
☐	America	미국
☐	England	영국, 잉글랜드
☐	Germany	독일
☐	Korea	한국
☐	Japan	일본
☐	China	중국
☐	India	인도
☐	build	(건물을) 짓다, 세우다
☐	sandcastle	모래성
☐	stone	돌, 석조
☐	wood	나무, 목재
☐	Mr.	~ 씨, ~ 님, ~ 귀하
☐	Mrs.	~ 부인, ~ 여사, ~ 님
☐	fireplace	벽난로
☐	chimney	굴뚝

DAY 13

Daily Test .... p. 72

A

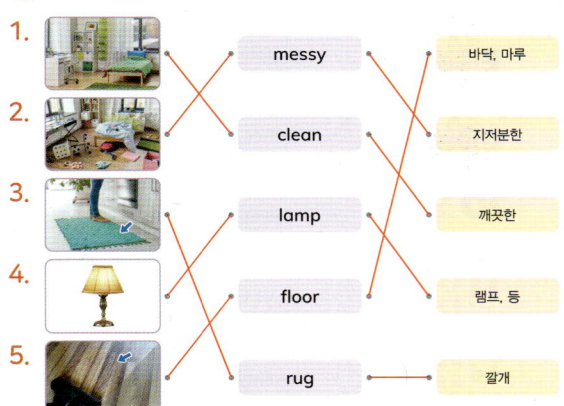

B

1. bathtub
2. curtain
3. clothes
4. backyard
5. garage

Picture Review .... p. 73

1. **messy** 지저분한, 엉망인
2. **sink** (부엌) 싱크대, 개수대
3. **floor** (방)바닥, 마루
4. **curtain** 커튼
5. **backyard** 뒷마당, 뒤뜰
6. **dirty clothes** 더러워진 옷, 빨래감
7. **clean the bathtub** 욕조를 닦다[청소하다]
8. **garage sale** 차고 세일, 중고물품 세일

DAY 14

Daily Test .... p. 76

A

1. glass — 보다, 지켜보다
2. watch — 말하다, 이야기하다
3. talk — 유리잔; 유리
4. next to — ~ (바로) 옆에
5. between — ~ 사이에

B

1. television
2. telephone
3. smartphone
4. glasses
5. near

Picture Review .... p. 77

1. **glasses** 안경
2. **television** 텔레비전
3. **key** 열쇠, 키
4. **far** 멀리; 먼
5. **smartphone** 스마트폰
6. **between** ~ 사이에, ~ 중간에
7. **watch TV** TV를 보다
8. **He is in front of the TV.** 그는 TV 앞에 있다.

DAY 15

Daily Test .... p. 80

A

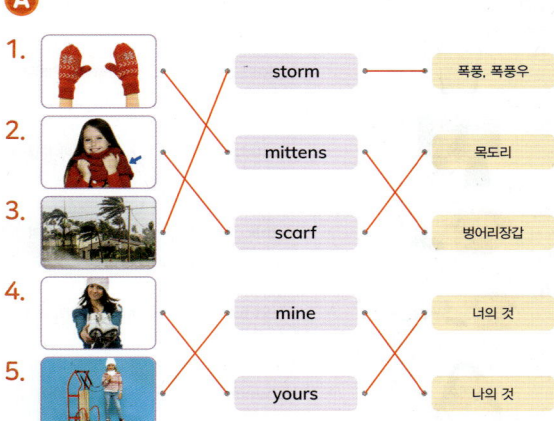

B

1. stormy
2. strong
3. blow
4. whose
5. which

Picture Review .... p. 81

1. **strong** 강한, 힘이 센
2. **mine** 나의 것, 내 것
3. **yours** 너의 것, 네 것
4. **his** 그의 것
5. **hers** 그녀의 것
6. **whose sled** 누구의 썰매
7. **build a snowman** 눈사람을 만들다
8. **Which is yours?** 어느 것이 네 것이니?

DAY 16

Daily Test .... p. 84

A

1. before — ~ 뒤에, ~ 후에
2. after — ~ 앞에, ~ 전에
3. eleven — 12, 열둘
4. twelve — 20, 스물
5. twenty — 11, 열하나

B

1. thirteen
2. fourteen
3. fifteen
4. eighteen
5. nineteen

Picture Review .... p. 85

1. **thirteen** 13, 열셋; 13(개)의
2. **twenty** 20, 스물; 20(개)의
3. **seventeen** 17, 열일곱; 17(개)의
4. **fifteen** 15, 열다섯; 15(개)의
5. **eleven ants** 11마리의 개미, 개미 11마리
6. **after school** 방과 후에
7. **twelve years old** 12살
8. **sixteen years old** 16살

DAY 13-16 Review Test 04 — p. 86

A
1. television
2. curtain
3. lamp
4. garage
5. rug
6. floor
7. next
8. front

B
1. messy
2. clothes
3. backyard
4. glasses
5. between
6. blow
7. his
8. twelve
9. eighteen
10. fifteen

C
1. cleaning
2. smartphone
3. mine
4. years old

D
1. garage
2. talk
3. watch
4. wash
5. strong

E
1. clean
2. far
3. after

F

☐	messy	지저분한, 엉망인
☐	clean	깨끗한; (깨끗이) 닦다, 청소하다
☐	floor	(방)바닥, 마루
☐	rug	(바닥에 까는) 깔개, 러그
☐	curtain	커튼
☐	clothes	옷, 의복
☐	backyard	뒷마당, 뒤뜰
☐	garage	차고
☐	television	텔레비전
☐	glasses	안경
☐	telephone	전화, 전화기
☐	talk	말하다, 이야기하다
☐	next to	~ (바로) 옆에
☐	between	~ 사이에, ~ 중간에
☐	near	~ 가까이에; 가까이; 가까운
☐	far	멀리; 먼
☐	stormy	폭풍우의, 폭풍우가 치는
☐	blow	(바람이) 불다
☐	mine	나의 것, 내 것
☐	yours	너의 것, 네 것
☐	his	그의 것
☐	hers	그녀의 것
☐	whose	누구의
☐	which	어느, 어떤; 어느 쪽, 어떤 것
☐	before	(시간, 순서상으로) ~ 앞에, ~ 전에
☐	after	(시간, 순서상으로) ~ 뒤에, ~ 후에
☐	eleven	11, 열하나; 11(개)의
☐	twelve	12, 열둘; 12(개)의
☐	thirteen	13, 열셋; 13(개)의
☐	fourteen	14, 열넷; 14(개)의
☐	nineteen	19, 열아홉; 19(개)의
☐	twenty	20, 스물; 20(개)의

DAY 17

Daily Test .... p. 92

A

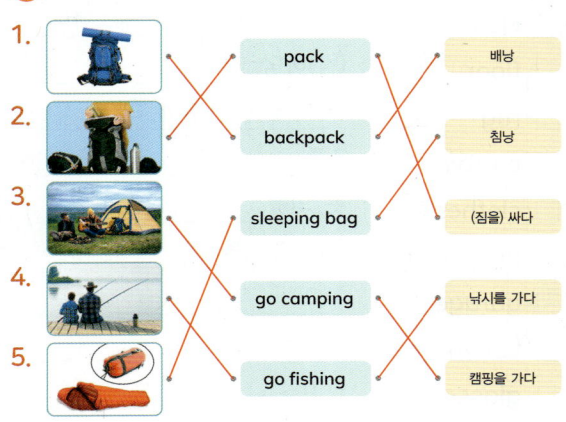

B
1. hiking
2. shopping
3. skating
4. heavy
5. light

Picture Review .... p. 93

1. **backpack** 배낭
2. **sleeping bag** 침낭, 슬리핑 백
3. **heavy** 무거운
4. **need** (~을) 필요로 하다, (~이) 필요하다
5. **go hiking** 하이킹을 가다
6. **go shopping** 쇼핑을 가다
7. **go skiing** 스키 타러 가다
8. **go to camp** 캠프에 가다

DAY 18

Daily Test .... p. 96

A

1. — on — (~이) 꺼져 있는
2. — off — (~이) 켜져 있는
3. — shy — (안으로) 들어오다
4. — come in — (밖으로) 나가다
5. — go out — 수줍어하는

B
1. today
2. noisy
3. bright
4. dark
5. sunlight

Picture Review .... p. 97

1. **today** 오늘; 오늘(은)
2. **now** 지금, 현재
3. **dark** 어두운, 짙은
4. **light** (해, 전등 등의) 빛, 전등
5. **noisy** 시끄러운, 떠들썩한
6. **bright room** 밝은 방
7. **go out** 밖으로 나가다
8. **The light is off.** 전등(불)이 꺼져 있다.

DAY 19

Daily Test .... p. 100

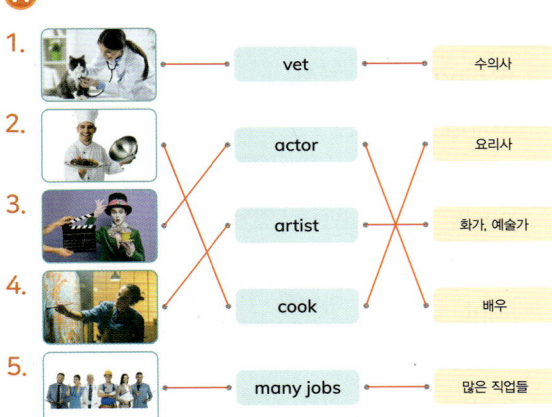

B
1. work
2. dentist
3. baker
4. driver
5. pilot

Picture Review .... p. 101

1. dentist 치과 의사
2. baker 제빵사
3. actor 배우
4. vet 수의사
5. pilot (비행기) 조종사
6. Dr. Jones 존스 (의사) 선생님, 존스 박사
7. at work 직장에서, 일터에서
8. animal hospital 동물 병원

DAY 20

Daily Test .... p. 104

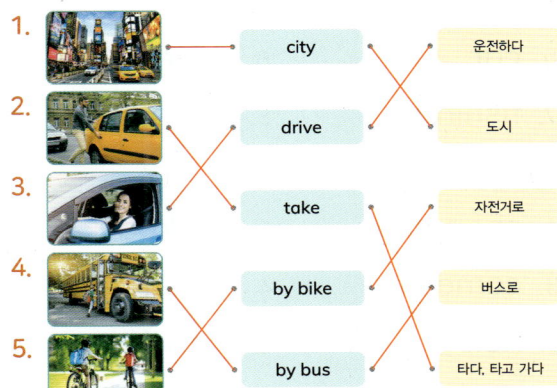

B
1. busy
2. train
3. subway
4. airplane
5. helicopter

Picture Review .... p. 105

1. train 기차
2. busy 바쁜
3. subway 지하철
4. airplane 비행기
5. by bus 버스로, 버스를 타고
6. on foot 걸어서, 도보로
7. take a taxi 택시를 타다
8. fly a helicopter 헬리콥터를 조종하다

DAY 17-20 Review Test 05

p. 106

A
1. camping
2. sunlight
3. hiking
4. foot
5. car
6. drive
7. fishing
8. bike

B
1. shopping
2. backpack
3. come in
4. off
5. noisy
6. actor
7. cook
8. driver
9. artist
10. work

C
1. sleeping bag
2. by bike
3. vet
4. dentist

D
1. heavy
2. bright
3. jobs
4. subway
5. take

E
1. light
2. dark
3. off

F

☐	camping	캠핑, 야영
☐	hiking	하이킹, 도보 여행, 가벼운 등산
☐	fishing	낚시
☐	skiing	스키 타기
☐	need	(~을) 필요로 하다, (~이) 필요하다
☐	pack	(짐을) 싸다, 꾸리다
☐	heavy	무거운
☐	light	가벼운
☐	today	오늘; 오늘(은)
☐	now	지금, 현재
☐	noisy	시끄러운, 떠들썩한
☐	shy	수줍어하는, 부끄럼을 많이 타는
☐	bright	(빛이) 밝은, 눈부신
☐	dark	어두운, 짙은
☐	light	(해, 전등 등의) 빛, 전등; 가벼운
☐	sunlight	햇빛, 햇살
☐	job	직업, 일
☐	work	일하다; 일, 직장
☐	vet	수의사
☐	dentist	치과 의사
☐	actor	배우
☐	artist	화가, 예술가
☐	cook	요리사; 요리하다
☐	pilot	(비행기) 조종사
☐	city	도시
☐	busy	바쁜
☐	train	기차
☐	subway	지하철
☐	airplane	비행기
☐	helicopter	헬리콥터
☐	drive	운전하다
☐	take	(교통수단을) 타다, 타고 가다

DAY 21

Daily Test .... p. 112

A

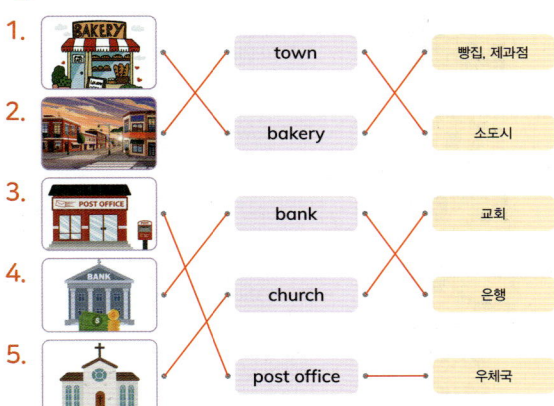

1. bakery — 빵집, 제과점
2. town — 소도시
3. post office — 우체국
4. bank — 은행
5. church — 교회

B

1. village
2. restaurant
3. supermarket
4. library
5. museum

Picture Review .... p. 113

1. village (시골) 마을, 촌락
2. bakery 빵집, 제과점
3. bookstore 서점, 책방
4. museum 박물관, 미술관
5. post office 우체국
6. church 교회
7. library 도서관
8. look around 둘러보다, 구경하다

DAY 22

Daily Test .... p. 116

A

1. listen — 듣다
2. tell — 말하다
3. ask — 묻다
4. mask — 마스크, 가면
5. clay — 점토, 찰흙

B

1. start
2. study
3. subject
4. question
5. paintbrush

Picture Review .... p. 117

1. listen (귀 기울여) 듣다
2. study 공부하다, 배우다
3. line 선, 줄
4. subject 학과, 과목, 주제
5. paintbrush (그림 그리는) 붓, 화필
6. start at 9   9시에 시작하다
7. ask a question   질문을 하다
8. show and tell   쇼앤텔

DAY 23

Daily Test .... p. 120

A

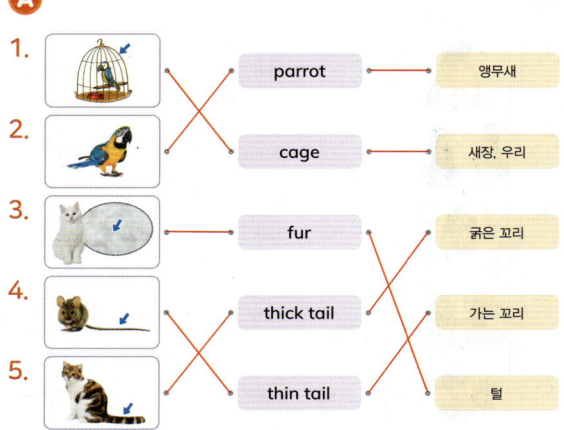

B

1. hamster
2. iguana
3. brown
4. tiny
5. large

Picture Review .... p. 121

1. iguana 이구아나
2. head 머리
3. parrot 앵무새
4. thick 두꺼운, 굵은
5. fur (동물의) 털
6. cage 새장, 우리
7. a tiny ant 아주 작은 개미
8. pet store 애완동물 가게

DAY 24

Daily Test .... p. 124

A

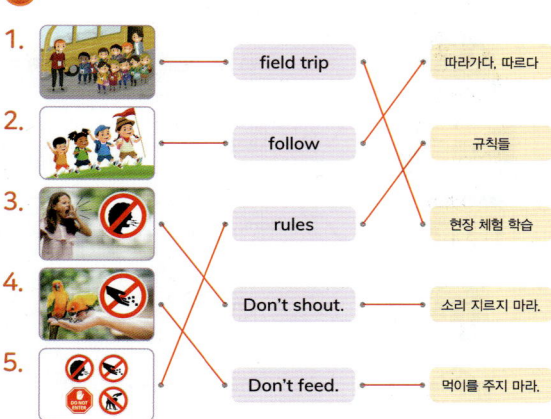

B

1. visit
2. enter
3. touch
4. should
5. never

Picture Review .... p. 125

1. touch 만지다, 건드리다
2. shout 외치다, 소리 지르다
3. feed 먹이를 주다
4. field trip 현장 체험 학습, 견학 여행
5. zoo rules 동물원 규칙들
6. line up 줄을 서다
7. Don't enter. 들어가지 마시오.
8. Be quiet. 조용히 하시오.

DAY 21-24 Review Test 06   p. 126

A
1. town
2. restaurant
3. post office
4. field trip
5. church
6. library
7. supermarket
8. visit

B
1. bakery
2. library
3. store
4. study
5. rule
6. clay
7. tail
8. shout
9. enter
10. line up

C
1. bank
2. parrot
3. feed
4. Be

D
1. village
2. subject
3. show and tell
4. cage
5. follow

E
1. thin
2. tiny
3. listen

F
- town — 소도시, 읍
- village — (시골) 마을, 촌락
- bakery — 빵집, 제과점
- restaurant — 식당, 레스토랑
- church — 교회
- post office — 우체국
- library — 도서관
- museum — 박물관, 미술관
- start — 시작하다, 시작되다
- study — 공부하다, 배우다
- tell — 말하다, 이야기하다
- listen — (귀 기울여) 듣다
- question — 질문, 문제
- ask — 묻다, 요청하다
- paintbrush — (그림 그리는) 붓, 화필
- clay — 점토, 찰흙
- parrot — 앵무새
- cage — 새장, 우리
- fur — (동물의) 털
- tail — 꼬리
- thick — 두꺼운, 굵은
- thin — 얇은, 가는, 마른
- tiny — 아주 작은, 조그마한
- large — (규모가) 큰, 넓은, (양이) 많은
- field trip — 현장 체험 학습, 견학 여행
- visit — 방문하다, 찾아가다; 방문
- rule — 규칙, 규정
- follow — (뒤를) 따라가다, 따르다
- enter — (~에) 들어가다, 들어오다
- touch — 만지다, 건드리다
- should — ~해야 한다
- never — 절대 ~하지 마라, 결코 ~ 않다

DAY 25

Daily Test .... p. 132

A

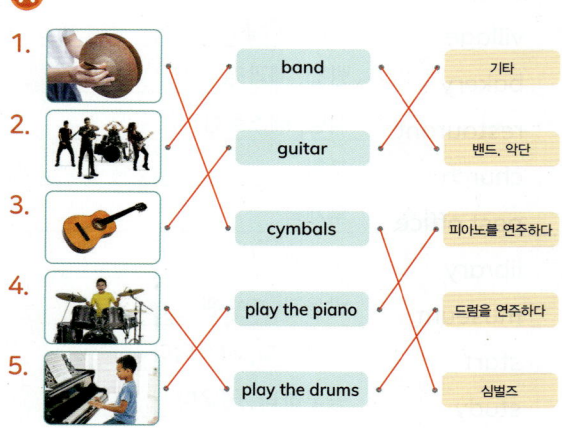

B
1. concert
2. violin
3. cello
4. learn
5. tambourine

Picture Review .... p. 133

1. **violin** 바이올린
2. **tambourine** 탬버린
3. **concert** 콘서트, 연주회
4. **drumstick** 북채, 드럼스틱
5. **learn** 배우다, 학습하다
6. **with a bow** 활로, 활을 가지고
7. **play the cello** 첼로를 연주하다
8. **musical instruments** 악기들

DAY 26

Daily Test .... p. 136

A

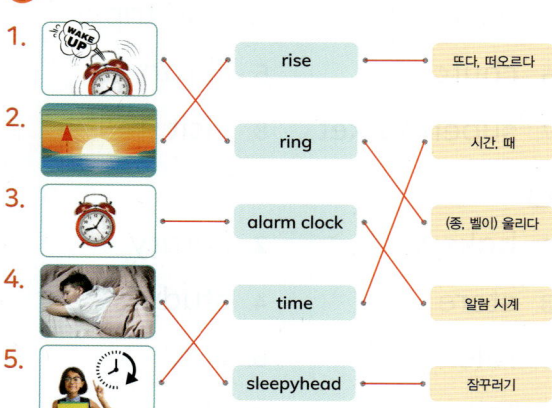

B
1. shine
2. hear
3. feel
4. smell
5. breakfast

Picture Review .... p. 137

1. **hear** 듣다, (귀에) 들리다
2. **shine** 빛나다, 반짝이다
3. **breakfast** 아침(밥), 아침 식사
4. **rise** (해, 달이) 뜨다, 떠오르다
5. **feel** 느끼다
6. **smell** (~한) 냄새가 나다, 냄새를 맡다
7. **It's 8 o'clock.** 8시 (정각)이다.
8. **It's time to get up.** 일어날 시간이다.

DAY 27

Daily Test .... p. 140

A

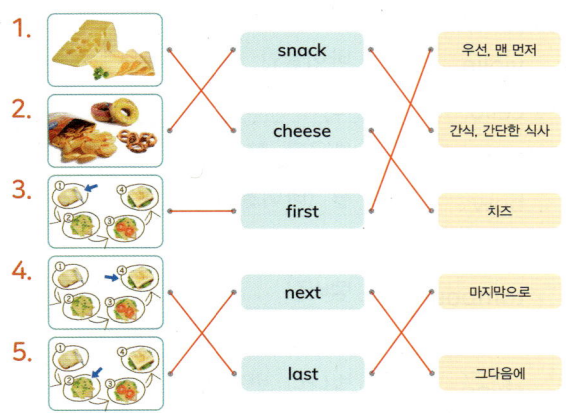

B

1. taste
2. spread
3. butter
4. lettuce
5. mushroom

Picture Review .... p. 141

1. **butter** 버터
2. **snack** 간식, 간단한 식사
3. **taste** 맛; (~한) 맛이 나다
4. **first** 우선, 맨 먼저; 첫 번째의
5. **last** 마지막으로; 마지막의, 지난
6. **spread butter** 버터를 바르다
7. **add mushrooms** 버섯을 더하다[추가하다]
8. **It's time for a snack.** 간식 먹을 시간이다.

DAY 28

Daily Test .... p. 144

A

1. — day — 주, 일주일
2. — week — 주말
3. — weekend — 하루, 날
4. — month — 해, 연, 1년
5. — year — 달, 월, 1개월

B

1. Tuesday
2. Wednesday
3. Thursday
4. Friday
5. Saturday

Picture Review .... p. 145

1. **week** 주, 일주일
2. **month** 달, 월, 1개월
3. **year** 해, 연, 1년
4. **this week** 이번 주
5. **on Thursday** 목요일에
6. **on Sunday** 일요일에
7. **on the weekend** 주말에
8. **days of the week** 요일

Review Test 07

DAY 25-28 — p. 146

A
1. ring
2. hear
3. shine
4. breakfast
5. concert
6. band
7. drums
8. guitar

B
1. cello
2. bow
3. ring
4. alarm clock
5. feel
6. snack
7. spread
8. cheese
9. weekend
10. month

C
1. to
2. for
3. Tuesday
4. Saturday

D
1. instrument
2. smell
3. taste
4. week
5. month

E
1. r<u>ise</u> / t<u>ime</u>
2. fir<u>st</u> / la<u>st</u>
3. h<u>ear</u> / y<u>ear</u>

F

☐	concert	콘서트, 연주회
☐	band	밴드, 악단
☐	violin	바이올린
☐	cello	첼로
☐	learn	배우다, 학습하다
☐	bow	활, (바이올린 등을 켜는) 활
☐	drum	북, 드럼
☐	tambourine	탬버린
☐	rise	(해, 달이) 뜨다, 떠오르다
☐	shine	빛나다, 반짝이다
☐	ring	(종, 벨 등이) 울리다
☐	time	시간, 때, 시각
☐	hear	듣다, (귀에) 들리다
☐	feel	느끼다
☐	smell	(~한) 냄새가 나다, 냄새를 맡다
☐	breakfast	아침(밥), 아침 식사
☐	snack	간식, 간단한 식사
☐	taste	맛; (~한) 맛이 나다
☐	spread	펴다, (버터 등을) 바르다
☐	add	더하다, 추가하다, (수를) 더하다, 합산하다
☐	first	우선, 맨 먼저; 첫 번째의
☐	next	그다음에, 그 뒤에; (바로) 다음의
☐	then	그리고 나서, 그런 다음에는
☐	last	마지막으로; 마지막의, 지난
☐	day	하루, 날, 낮
☐	week	주, 일주일
☐	month	달, 월, 1개월
☐	year	해, 연, 1년, (나이) ~살
☐	Friday	금요일
☐	Saturday	토요일
☐	Sunday	일요일
☐	weekend	주말

DAY 29

Daily Test ..... p. 152

A

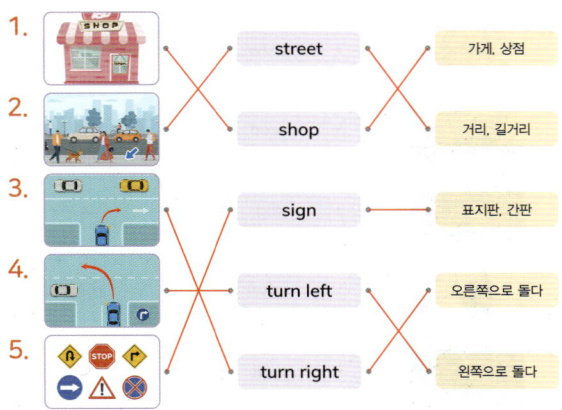

B

1. cross
2. building
3. road
4. move
5. corner

Picture Review ..... p. 153

1. **road** (차가 다니는) 도로
2. **street** 거리, 길거리
3. **stop** 멈추다, 서다; 멈춤, 정류장
4. **cross** 건너다, 가로지르다
5. **corner** (길)모퉁이, 코너
6. **road signs** 도로 표지판들
7. **traffic light** (교통) 신호등
8. **It's on your left.** 그것은 당신의 왼쪽에 있다.

DAY 30

Daily Test ..... p. 156

A

1. → word → 단어, 낱말
2. → sentence → 동그라미를 그리다
3. → circle → 확인하다, 체크하다
4. → check → 문장
5. → spell → 철자를 말하다

B

1. answer
2. choose
3. correct
4. wrong
5. mean

Picture Review ..... p. 157

1. **sentence** 문장
2. **correct** 맞는, 정확한
3. **wrong** 틀린, 잘못된
4. **choose** 고르다, 선택하다
5. **match** (관련 있는 것을) 연결시키다
6. **answer** 대답, 답; 대답하다
7. **an English test** 영어 시험
8. **check out** (~에 대해) 알아보다, 확인해 보다

DAY 31

Daily Test .... p. 160

A

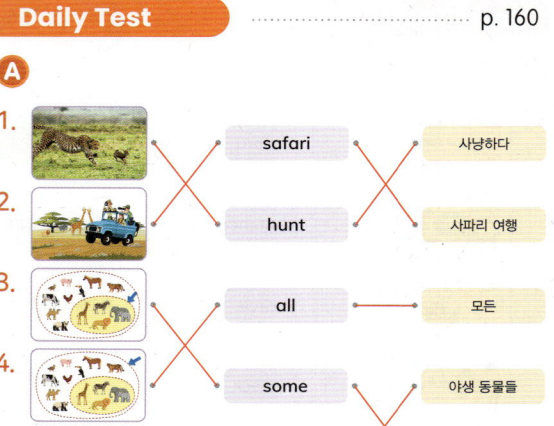

B

1. Africa 2. wild
3. them   4. tiger
5. but

Picture Review .... p. 161

1. some 일부의, 어떤; 일부, 어떤 것
2. all 모든; 모두, 다
3. Africa 아프리카
4. hunt 사냥하다
5. wild 야생의, 길들여지지 않은
6. at the safari park 사파리 공원에(서)
7. wild animals 야생 동물들
8. Is it big or little? 그것은 크니, 혹은 작니?

DAY 32

Daily Test .... p. 164

A

B

1. farmer 2. tasty
3. soft   4. just
5. plant

Picture Review .... p. 165

1. farmer 농부
2. seed 씨, 씨앗
3. tasty 맛있는
4. hard 단단한, 딱딱한
5. wait 기다리다
6. dig a hole 구멍을 파다
7. water the seeds 씨앗에 물을 주다
8. come from plants
   식물에서[식물로부터] 온다

DAY 29-32 Review Test 08   p. 166

A
1. bus stop
2. sign
3. word
4. wait
5. road
6. traffic light
7. check
8. cross

B
1. building
2. corner
3. right
4. sentence
5. choose
6. tiger
7. wild
8. seed
9. farmer
10. water

C
1. left
2. right
3. wild
4. hard

D
1. street
2. wrong
3. some
4. hunt
5. dig

E
1. move
2. answer
3. soft

F
☐	street	거리, 길거리
☐	cross	건너다, 가로지르다
☐	stop	멈추다, 서다; 멈춤, 정류장
☐	move	움직이다
☐	corner	(길)모퉁이, 코너
☐	turn	돌리다, 돌다
☐	left	왼쪽으로; 왼쪽의; 왼쪽
☐	right	오른쪽으로; 오른쪽의; 오른쪽
☐	word	단어, 낱말
☐	sentence	문장
☐	answer	대답, 답; 대답하다
☐	correct	맞는, 정확한
☐	wrong	틀린, 잘못된
☐	choose	고르다, 선택하다
☐	check	확인하다, 체크하다
☐	mean	의미하다, 뜻하다
☐	Africa	아프리카
☐	safari	사파리 (여행)
☐	wild	야생의, 길들여지지 않은
☐	hunt	사냥하다
☐	all	모든; 모두, 다
☐	some	일부의, 어떤; 일부, 어떤 것
☐	or	또는, 혹은, 아니면
☐	but	그러나, 하지만
☐	farmer	농부
☐	grow	(식물을) 재배하다, 자라다, 크다
☐	soft	부드러운, 연한
☐	hard	단단한, 딱딱한
☐	dig	(땅을) 파다
☐	plant	(나무, 씨앗 등을) 심다; 식물
☐	water	(화초 등에) 물을 주다; 물
☐	wait	기다리다

A

actor	98
add	139
Africa	158
after	82
again	134
airplane	103
alarm clock	134
all	159
always	30
America	58
amusement park	39
and	23
animal hospital	99
answer	154
artist	98
ask	115
at	114
aunt	15

B

backpack	91
backyard	71
badminton	35
baker	99
bakery	110
band	130
bank	110
baseball	35
basketball	35
bathtub	70

be	123
be from	59
be made of	63
bedtime	19
before	82
between	75
birthday	31
blow	78
bookstore	111
both	30
bow	131
breakfast	135
brick	62
bright	95
brown	118
build	62
build a snowman	79
building	150
bus	102
busy	102
but	159
butter	138
by	102

C

cage	118
camel	43
camping	90
Canada	58
car	22
caterpillar	38

cello	130
check	155
check out	155
cheese	138
child	34
chimney	63
China	59
choose	155
church	111
circle	155
city	102
clay	115
clean	70
climb	38
clothes	71
colorful	10
come from	163
concert	130
cook	99
coral	10
corner	151
correct	154
country	58
crawl	38
cross	150
curtain	71
cymbal	131

D

dark	95
daughter	15

day 142	father 14	grandfather 14
days of the week 143	feed 122	grandmother 14
dentist 98	feel 135	grassland 42
desert 43	fence 23	great 14
dig 163	field trip 122	grow 55, 162
dive 10	fifteen 83	guitar 130
dolphin 11	fireplace 63	
Dr. 99	first 139	**H**
dream 19	fishing 90	hamster 118
dress 51	fix 23	hard 162
dress up 51	floor 71	have a good night 19
drive 103	fly 39	have a nice day 23
driver 99	follow 122	head 119
drum 131	forest 42	hear 135
drumstick 131	fourteen 82	heavy 91
	France 59	helicopter 103
E	Friday 143	her 15, 39
early 18	from 58	hers 79
eighteen 83	funny 18	high 38
eleven 82	fur 118	hiking 90
England 58		him 39
enter 123	**G**	his 15, 79
every day 31	garage 71	hit 35
everywhere 43	garage sale 71	home 42
excited 39	Germany 58	hop 38
	get up 18	hunt 158
F	ghost 51	
fairy 50	give 19	**I**
family tree 15	glass 74	iguana 118
far 75	glasses 74	in 94
farmer 162	go to camp 91	in front of 75

India ... 59
It's time for ... 139
It's time to ... 135
Italy ... 59

J

Japan ... 59
job ... 98
jungle ... 42
just ... 163
just right ... 55

K

key ... 75
kick ... 34
kind ... 23
kiss ... 19
Korea ... 59

L

lamp ... 70
large ... 119
last ... 139
late ... 18
learn ... 131
left ... 151
lettuce ... 138
library ... 111
light ... 91, 95
line ... 115
line up ... 123

lion ... 159
listen ... 114
look around ... 111
look out ... 11
low ... 38

M

market ... 22
mask ... 115
match ... 155
me ... 19
mean ... 155
messy ... 70
mine ... 79
mitten ... 78
Monday ... 142
monster ... 51
month ... 142
mother ... 14
move ... 151
Mr. ... 63
Mrs. ... 63
Ms. ... 99
mud ... 62
museum ... 111
mushroom ... 138
musical instrument ... 131

N

nap ... 30
near ... 75

need ... 91
nest ... 43
never ... 123
next ... 139
next to ... 75
nice ... 22
nineteen ... 83
noisy ... 94
now ... 94

O

o'clock ... 135
ocean animals ... 43
octopus ... 11
off ... 95
on ... 95
on and off ... 95
on foot ... 103
or ... 159
our ... 31
out ... 94

P

pack ... 91
paintbrush ... 115
pants ... 55
parent ... 14
parrot ... 118
party ... 31
pet store ... 119
piano ... 130

pilot 99	sandcastle 62	soccer 34
place 42	Saturday 143	sock 54
plant 43, 163	say 123	sofa 70
play 34	scared 39	soft 162
play catch 35	scarf 78	some 159
player 34	scary 11	son 15
pool 22	seed 162	song 18
post office 111	sentence 154	soon 163
present 31	seventeen 83	spell 155
prince 50	shark 11	spread 139
princess 50	sharp 11	start 114
put on 51	shine 134	stick 62
	shirt 51	stone 63
Q	shoe 54	stop 151
question 115	shop 150	store 111
quickly 55	shopping 90	storm 78
	shorts 55	stormy 78
R	should 123	story 30
rainforest 42	shout 122	straw 62
really 23	show and tell 115	street 150
restaurant 110	shy 94	strong 78
ride 39	sign 150	study 114
right 151	sink 70	subject 114
ring 134	sixteen 83	subway 103
rise 134	skating 90	Sunday 143
road 150	skiing 90	sunlight 95
rug 71	sleeping bag 91	supermarket 110
rule 122	sleepyhead 134	
	smartphone 75	**T**
S	smell 135	tail 119
safari 158	snack 138	take 103

201

tale 50	too 23, 55	water 163
talk 74	touch 123	wear 51
tambourine 131	town 110	web 43
taste 138	traffic light 151	Wednesday 143
tasty 162	train 103	week 142
taxi 102	trip 10	weekend 143
team 34	try 55	whale 11
telephone 74	Tuesday 142	which 79
television 74	turn 151	whose 79
tell 114	twelve 82	wild 158
tennis 35	twenty 83	wild animals 159
test 154	twin 30	witch 50
thank 31		wizard 50
that 54	**U**	wood 63
their 31	uncle 15	word 154
them 158	under 10	work 98
then 139	us 158	wrong 154
these 54		
thick 119	**V**	**Y**
thin 119	vacation 10	year 142
thirteen 82	vet 98	years old 83
this 54	village 110	you 19
those 54	violin 130	yours 79
throw 35	visit 122	
Thursday 143		
tiger 159	**W**	
time 135	wait 163	
tiny 119	wake 18	
to 102	walk 22	
today 94	wash 22	
together 30	watch 74	

MEMO

MEMO

A★List VOCA

어휘 쓰기장

초등
필수

A*List VOCA
어휘쓰기장

초등 필수

DAY 01

학습일:　　　월　　　일

● 다음 단어들을 큰 소리로 읽고 쓰세요.

vacation vacation

방학, 휴가

trip trip

(짧은) 여행

dive dive

다이빙하다, (물속으로) 뛰어들다

under under

~ 아래에, ~ 속에

colorful colorful

형형색색의, 다채로운

coral coral

산호

dolphin dolphin

돌고래

whale whale

고래

octopus octopus

문어

shark shark

상어

sharp sharp

날카로운, 뾰족한

scary scary

무서운, 겁나는

look out look out

조심하다, 주의하다

DAY 02

학습일:　　월　　일

● 다음 단어들을 큰 소리로 읽고 쓰세요.

parent parent

부모 (아버지 또는 어머니 한 사람)

great great

훌륭한, 대단한, 정말 좋은

mother mother

어머니

father father

아버지

grandmother grandmother

할머니

grandfather grandfather

할아버지

uncle uncle

삼촌, 외삼촌, 고모부, 이모부

aunt aunt

고모, 이모, 숙모, 외숙모

son son

아들

daughter daughter

딸

his his

그의, 그 남자의

her her

그녀의, 그 여자의

family tree family tree

가계도, 족보

DAY 03

학습일:　　월　　일

● 다음 단어들을 큰 소리로 읽고 쓰세요.

wake　wake

(잠이) 깨다, 눈을 뜨다

get up　get up

(잠자리에서) 일어나다

early　early

이른, 빠른; 일찍, 빨리

late　late

늦은; 늦게

song　song

노래

funny　funny

웃기는, 재미있는

me　me

나(를)

you　you

너(를)

bedtime　bedtime

잠잘 시간, 취침 시간

dream　dream

(자면서 꾸는) 꿈, (장래에 대한) 꿈; 꿈을 꾸다

kiss　kiss

키스, 입맞춤; 키스하다, 입맞추다

give　give

주다

have a good night　have a good night

(잠을) 잘 자다, 좋은 밤을 보내다

DAY 04

학습일:　　월　　일

● 다음 단어들을 큰 소리로 읽고 쓰세요.

nice　nice

좋은, 멋진

car　car

차, 자동차

wash　wash

씻다, 세탁하다, 세척하다

walk　walk

걷다, 산책하다, 산책시키다; 산책

pool　pool

수영장

market　market

시장

fence fence

울타리, 담

fix fix

고치다, 수리하다

and and

~와, 그리고

too too

~도 (또한)

kind kind

친절한, 다정한

really really

정말로, 진짜로

have a nice day have a nice day

(기분) 좋은 하루를 보내다

DAY 05

학습일:　　월　　일

● 다음 단어들을 큰 소리로 읽고 쓰세요.

twin　twin
쌍둥이 (중의 한 명)

both　both
둘 다의, 양쪽의; 둘 다, 양쪽 다

together　together
함께, 같이

always　always
항상, 늘, 언제나

story　story
이야기

nap　nap
낮잠; 낮잠을 자다

party party
파티, 모임

birthday birthday
생일

present present
선물

thank thank
감사하다, 고마워하다

their their
그들의, 그것들의

our our
우리의, 우리들의

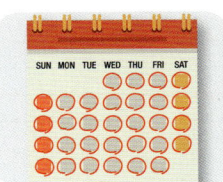

every day every day
매일, 날마다

DAY 06

학습일: 월   일

● 다음 단어들을 큰 소리로 읽고 쓰세요.

child child
아이, 어린이

team team
(스포츠 경기 등에서) 팀, 조

play play
놀다, (경기를) 하다, (악기를) 연주하다

player player
선수

soccer soccer
축구

kick kick
(발로) 차다; 킥, 차기

baseball baseball

야구, 야구공

basketball basketball

농구, 농구공

tennis tennis

테니스

badminton badminton

배드민턴

throw throw

던지다

hit hit

치다, 때리다

play catch play catch

캐치볼을 하다

DAY 07

학습일: 월   일

● 다음 단어들을 큰 소리로 읽고 쓰세요.

hop　hop

깡충깡충 뛰다

climb　climb

오르다, 올라가다

caterpillar　caterpillar

애벌레

crawl　crawl

기다, 기어가다

high　high

높은; 높이, 높게

low　low

낮은; 낮게, 아래로

him
그를

her
그녀를

fly
날다, (연 등을) 날리다, 조종하다

ride
(탈것 등을) 타다; 타기

excited
신이 난, 들뜬

scared
무서워하는, 겁먹은

amusement park
놀이공원

DAY 08

학습일: 　월　　일

● 다음 단어들을 큰 소리로 읽고 쓰세요.

home　home
(가족이 함께 사는) 집, 가정

place　place
장소, 곳

forest　forest
숲

rainforest　rainforest
(열대) 우림

grassland　grassland
초원(지대)

jungle　jungle
밀림(지대), 정글

camel
낙타

desert
사막

nest
(새의) 둥지

web
거미줄, 거미집

plant
식물

everywhere
모든 곳에, 어디에나

ocean animals
해양 동물들, 바다에 사는 동물들

DAY 09

학습일:　　월　　일

● 다음 단어들을 큰 소리로 읽고 쓰세요.

fairy　fairy
(이야기 속의) 요정

tale　tale
이야기, 소설

prince　prince
왕자

princess　princess
공주

witch　witch
마녀

wizard　wizard
마법사

put on
(옷, 모자 등을) 입다, 걸치다, 쓰다

wear
입고[신고, 쓰고, 끼고] 있다

shirt
셔츠

dress
드레스, 원피스; 옷을 입다, (특정한) 옷차림을 하다

ghost
유령, 귀신

monster
괴물

dress up
옷을 차려입다, 분장하다

DAY 10

학습일: 월 일

● 다음 단어들을 큰 소리로 읽고 쓰세요.

this this
이; 이것

these these
이; 이것들

that that
저; 저것

those those
저; 저것들

shoe shoe
신발 (한 짝)

sock sock
양말 (한 짝)

pants

바지

shorts

반바지

try

노력하다, 시도하다, 해 보다

too

너무 (~한)

grow

자라다, 크다

quickly

빨리, 빠르게

just right

딱 알맞은, 딱 좋은

DAY 11

학습일:　　월　　일

● 다음 단어들을 큰 소리로 읽고 쓰세요.

country country

국가, 나라

from from

~에서(부터), ~에서 온, ~ 출신의

America America

미국

Canada Canada

캐나다

England England

영국, 잉글랜드 (영국의 구성국 중 하나)

Germany Germany

독일

Italy Italy

이탈리아

France France

프랑스

Korea Korea

한국

Japan Japan

일본

China China

중국

India India

인도

be from be from

~에서 오다, ~ 출신이다

DAY 12

학습일: 월   일

● 다음 단어들을 큰 소리로 읽고 쓰세요.

build   build

(건물을) 짓다, 세우다

sandcastle   sandcastle

모래성

straw   straw

짚, 지푸라기, 빨대

stick   stick

막대기, (부러진) 나뭇가지

brick   brick

벽돌

mud   mud

진흙

stone stone

돌, 석조

wood wood

나무, 목재

Mr. Mr.

~ 씨, ~ 님, ~ 귀하

Mrs. Mrs.

~ 부인, ~ 여사, ~ 님

fireplace fireplace

벽난로

chimney chimney

굴뚝

be made of be made of

~으로 만들어지다

DAY 13

학습일: 월 일

● 다음 단어들을 큰 소리로 읽고 쓰세요.

messy   messy

지저분한, 엉망인

clean   clean

깨끗한; (깨끗이) 닦다, 청소하다

sofa   sofa

소파, 긴 안락의자

lamp   lamp

램프, 등

sink   sink

(부엌) 싱크대, 개수대

bathtub   bathtub

욕조

floor floor
(방)바닥, 마루

rug rug
(바닥에 까는) 깔개, 러그

curtain curtain
커튼

clothes clothes
옷, 의복

backyard backyard
뒷마당, 뒤뜰

garage garage
차고

garage sale garage sale
(차고에서 하는) 차고 세일, 중고물품 세일

DAY 14

학습일: 월   일

● 다음 단어들을 큰 소리로 읽고 쓰세요.

television   television

텔레비전

watch   watch

보다, 지켜보다; 손목시계

glass   glass

유리잔, 글라스, 유리

glasses   glasses

안경

telephone   telephone

전화, 전화기

talk   talk

말하다, 이야기하다

key　key
열쇠, 키

smartphone　smartphone
스마트폰

next to　next to
~ (바로) 옆에

between　between
~ 사이에, ~ 중간에

near　near
~ 가까이에; 가까이; 가까운

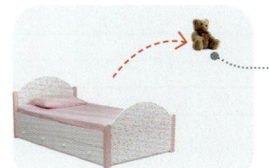
far　far
멀리; 먼

in front of　in front of
~ 앞에

DAY 15

학습일: 월   일

● 다음 단어들을 큰 소리로 읽고 쓰세요.

storm   storm
폭풍, 폭풍우

stormy   stormy
폭풍우의, 폭풍우가 치는

strong   strong
강한, 힘이 센

blow   blow
(바람이) 불다

mitten   mitten
벙어리장갑 (한 짝)

scarf   scarf
스카프, 목도리

mine mine

나의 것, 내 것

yours yours

너의 것, 네 것

his his

그의 것

hers hers

그녀의 것

whose whose

누구의

which which

어느, 어떤; 어느 쪽, 어떤 것

build a snowman build a snowman

눈사람을 만들다

DAY 16

학습일:　　월　　일

● 다음 단어들을 큰 소리로 읽고 쓰세요.

before before

(시간, 순서상으로) ~ 앞에, ~ 전에

after after

(시간, 순서상으로) ~ 뒤에, ~ 후에

eleven eleven

11, 열하나; 11(개)의

twelve twelve

12, 열둘; 12(개)의

thirteen thirteen

13, 열셋; 13(개)의

fourteen fourteen

14, 열넷; 14(개)의

fifteen

15, 열다섯; 15(개)의

sixteen

16, 열여섯; 16(개)의

seventeen

17, 열일곱; 17(개)의

eighteen

18, 열여덟; 18(개)의

nineteen

19, 열아홉; 19(개)의

twenty

20, 스물; 20(개)의

years old

(나이) ~살인, ~세의

DAY 17

학습일: 월   일

● 다음 단어들을 큰 소리로 읽고 쓰세요.

camping   camping
캠핑, 야영

hiking   hiking
하이킹, 도보 여행, 가벼운 등산

fishing   fishing
낚시

shopping   shopping
쇼핑

skating   skating
스케이트 타기

skiing   skiing
스키 타기

need need
(~을) 필요로 하다, (~이) 필요하다

sleeping bag sleeping bag
침낭, 슬리핑 백

backpack backpack
배낭

pack pack
(짐을) 싸다, 꾸리다

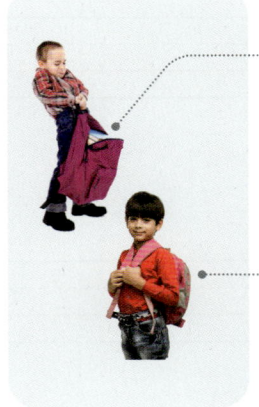
heavy heavy
무거운

light light
가벼운

go to camp go to camp
캠프에 가다

DAY 18

학습일:　　월　　일

● 다음 단어들을 큰 소리로 읽고 쓰세요.

today today
오늘; 오늘(은)

now now
지금, 현재

in in
안으로, 속으로; ~ 안에

out out
밖으로, 밖에

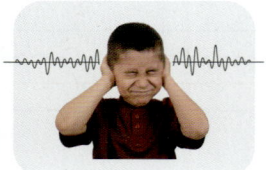
noisy noisy
시끄러운, 떠들썩한

shy shy
수줍어하는, 부끄럼을 많이 타는

bright   bright
(빛이) 밝은, 눈부신

dark   dark
어두운, 짙은

light   light
(해, 전등 등의) 빛, 전등; 가벼운

sunlight   sunlight
햇빛, 햇살

on   on
(~이) 켜져 있는, 작동 중인

off   off
(~이) 꺼져 있는, 작동이 안 되는

on and off   on and off
불규칙하게, 오락가락

DAY 19

학습일:　　월　　일

● 다음 단어들을 큰 소리로 읽고 쓰세요.

job　job

직업, 일

work　work

일하다; 일, 직장

vet　vet

수의사

dentist　dentist

치과 의사

actor　actor

배우

artist　artist

화가, 예술가

cook
요리사; 요리하다

baker
제빵사

driver
운전사, 기사

pilot
(비행기) 조종사

Dr.
의사, 박사

Ms.
~ 씨, ~ 님

animal hospital
동물 병원

DAY 20

학습일:　　월　　일

● 다음 단어들을 큰 소리로 읽고 쓰세요.

city　city

도시

busy　busy

바쁜

to　to

(장소, 방향) ~로, ~ 쪽으로, (범위) ~까지

by　by

~로, ~에 의하여

bus　bus

버스

taxi　taxi

택시

train　train

기차

subway　subway

지하철

airplane　airplane

비행기

helicopter　helicopter

헬리콥터

drive　drive

운전하다

take　take

(교통수단을) 타다, 타고 가다

on foot　on foot

걸어서, 도보로

DAY 21

학습일:　　월　　일

● 다음 단어들을 큰 소리로 읽고 쓰세요.

town　town
소도시, 읍

village　village
(시골) 마을, 촌락

bakery　bakery
빵집, 제과점

restaurant　restaurant
식당, 레스토랑

supermarket　supermarket
슈퍼마켓

bank　bank
은행

church　church

교회

post office　post office

우체국

store　store

가게, 상점

bookstore　bookstore

서점, 책방

library　library

도서관

museum　museum

박물관, 미술관

look around　look around

둘러보다, 구경하다

DAY 22

학습일:　　월　　일

● 다음 단어들을 큰 소리로 읽고 쓰세요.

at　at

[장소] ~에(서), [시간] ~에

start　start

시작하다, 시작되다

study　study

공부하다, 배우다

subject　subject

학과, 과목, 주제

tell　tell

말하다, 이야기하다

listen　listen

(귀 기울여) 듣다

question question
질문, 문제

ask ask
묻다, 요청하다

paintbrush paintbrush
(그림 그리는) 붓, 화필

clay clay
점토, 찰흙

line line
선, 줄

mask mask
마스크, 가면, 탈

show and tell show and tell
쇼앤텔

DAY 23

학습일:　　월　　일

● 다음 단어들을 큰 소리로 읽고 쓰세요.

hamster　hamster
햄스터

iguana　iguana
이구아나

parrot　parrot
앵무새

cage　cage
새장, 우리

fur　fur
(동물의) 털

brown　brown
갈색의; 갈색, 고동색

head head
머리

tail tail
꼬리

thick thick
두꺼운, 굵은

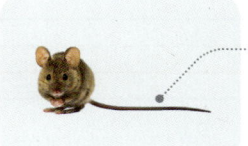
thin thin
얇은, 가는, 마른

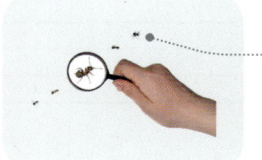
tiny tiny
아주 작은, 조그마한

large large
(규모가) 큰, 넓은, (양이) 많은

pet store pet store
애완동물 가게

DAY 24

학습일:　　월　　일

● 다음 단어들을 큰 소리로 읽고 쓰세요.

field trip　field trip
현장 체험 학습, 견학 여행

visit　visit
방문하다, 찾아가다; 방문

rule　rule
규칙, 규정

follow　follow
(뒤를) 따라가다, 따르다

shout　shout
외치다, 소리 지르다

feed　feed
먹이를 주다

enter
(~에) 들어가다, 들어오다

touch
만지다, 건드리다

should
~해야 한다

never
절대 ~하지 마라, 결코 ~ 않다

be
~이다, ~ 해라 (명령문에서)

say
말하다, ~라고 쓰여 있다

line up
줄을 서다

DAY 25

학습일: 월   일

● 다음 단어들을 큰 소리로 읽고 쓰세요.

concert   concert
콘서트, 연주회

band   band
밴드, 악단

piano   piano
피아노

guitar   guitar
기타

violin   violin
바이올린

cello   cello
첼로

learn　learn
배우다, 학습하다

bow　bow
활, (바이올린 등을 켜는) 활

drum　drum
북, 드럼

drumstick　drumstick
북채, 드럼스틱

cymbal　cymbal
심벌즈(의 한쪽)

tambourine　tambourine
탬버린

musical instrument　musical instrument
악기

DAY 26

학습일: 월   일

● 다음 단어들을 큰 소리로 읽고 쓰세요.

rise   rise

(해, 달이) 뜨다, 떠오르다

shine   shine

빛나다, 반짝이다

ring   ring

(종, 벨 등이) 울리다

alarm clock   alarm clock

자명종, 알람 시계

again   again

다시, 또

sleepyhead   sleepyhead

잠꾸러기

time   time

시간, 때, 시각

o'clock   o'clock

~시 (정각)

hear   hear

듣다, (귀에) 들리다

feel   feel

느끼다

smell   smell

(~한) 냄새가 나다, 냄새를 맡다

breakfast   breakfast

아침(밥), 아침 식사

It's time to   It's time to

~할 시간이다

DAY 27

학습일: 월   일

● 다음 단어들을 큰 소리로 읽고 쓰세요.

snack snack
간식, 간단한 식사

taste taste
맛; (~한) 맛이 나다

cheese cheese
치즈

butter butter
버터

lettuce lettuce
상추, 양상추

mushroom mushroom
버섯

spread
펴다, (버터 등을) 바르다

add
더하다, 추가하다, (수를) 더하다, 합산하다

first
우선, 맨 먼저; 첫 번째의

next
그다음에, 그 뒤에; (바로) 다음의

then
그러고 나서, 그런 다음에는

last
마지막으로; 마지막의, 지난

It's time for
~할 시간이다

DAY 28

학습일: 월   일

● 다음 단어들을 큰 소리로 읽고 쓰세요.

day day

하루, 날, 낮

week week

주, 일주일

month month

달, 월, 1개월

year year

해, 연, 1년, (나이) ~살

Monday Monday

월요일

Tuesday Tuesday

화요일

Wednesday　Wednesday

수요일

Thursday　Thursday

목요일

Friday　Friday

금요일

Saturday　Saturday

토요일

Sunday　Sunday

일요일

weekend　weekend

주말

days of the week　days of the week

요일

DAY 29

학습일:　　월　　일

● 다음 단어들을 큰 소리로 읽고 쓰세요.

street street

거리, 길거리

cross cross

건너다, 가로지르다

building building

건물, 빌딩

shop shop

가게, 상점; (물건을) 사다, 쇼핑하다

road road

(차가 다니는) 도로

sign sign

표지판, 간판

stop stop

멈추다, 서다; 멈춤, 정류장

move move

움직이다

corner corner

(길)모퉁이, 코너

turn turn

돌리다, 돌다

left left

왼쪽으로; 왼쪽의; 왼쪽

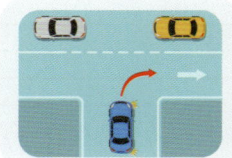

right right

오른쪽으로; 오른쪽의; 오른쪽

traffic light traffic light

(교통) 신호등

59

DAY 30

학습일: 월   일

● 다음 단어들을 큰 소리로 읽고 쓰세요.

word   word

단어, 낱말

sentence   sentence

문장

test   test

시험, 검사

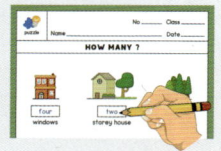

answer   answer

대답, 답; 대답하다

correct   correct

맞는, 정확한

wrong   wrong

틀린, 잘못된

choose　choose
고르다, 선택하다

circle　circle
동그라미를 그리다; 동그라미, 원형

check　check
확인하다, 체크하다

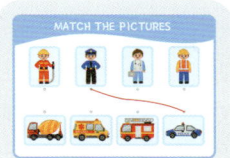

match　match
(관련 있는 것을) 연결시키다

spell　spell
(단어의) 철자를 말하다[쓰다]

mean　mean
의미하다, 뜻하다

check out　check out
(~에 대해) 알아보다, 확인해 보다

DAY 31

학습일: 월   일

● 다음 단어들을 큰 소리로 읽고 쓰세요.

Africa   Africa
아프리카

safari   safari
사파리 (여행)

wild   wild
야생의, 길들여지지 않은

hunt   hunt
사냥하다

them   them
그들을, 그것들을

us   us
우리를

all
모든; 모두, 다

some
일부의, 어떤; 일부, 어떤 것

lion
사자

tiger
호랑이

or
또는, 혹은, 아니면

but
그러나, 하지만

wild animals
야생 동물들

DAY 32

학습일: 월   일

● 다음 단어들을 큰 소리로 읽고 쓰세요.

farmer   farmer
농부

grow   grow
(식물을) 재배하다, 자라다, 크다

seed   seed
씨, 씨앗

tasty   tasty
맛있는

soft   soft
부드러운, 연한

hard   hard
단단한, 딱딱한

dig dig
(땅을) 파다

plant plant
(나무, 씨앗 등을) 심다; 식물

water water
(화초 등에) 물을 주다; 물

wait wait
기다리다

just just
바로, 마침, 그냥, 단지

soon soon
곧, 머지않아

come from come from
~에서 오다, ~에서 나오다

MEMO

MEMO

MEMO

A*List VOCA

어휘 암기장

초등 필수

DAY 01

001	vacation	명 방학, 휴가
002	trip	명 (짧은) 여행
003	dive	동 다이빙하다, (물속으로) 뛰어들다
004	under	전 ~ 아래에, ~ 속에
005	colorful	형 형형색색의, 다채로운
006	coral	명 산호
007	dolphin	명 돌고래
008	whale	명 고래
009	octopus	명 문어
010	shark	명 상어
011	sharp	형 날카로운, 뾰족한
012	scary	형 무서운, 겁나는
013	look out	조심하다, 주의하다

DAY 02

014	**parent**	명 부모 (아버지 또는 어머니 한 사람)
015	**great**	형 훌륭한, 대단한, 정말 좋은
016	**mother**	명 어머니
017	**father**	명 아버지
018	**grandmother**	명 할머니
019	**grandfather**	명 할아버지
020	**uncle**	명 삼촌, 외삼촌, 고모부, 이모부
021	**aunt**	명 고모, 이모, 숙모, 외숙모
022	**son**	명 아들
023	**daughter**	명 딸
024	**his**	형 그의, 그 남자의
025	**her**	형 그녀의, 그 여자의
026	**family tree**	가계도, 족보

DAY 03

027	**wake**	동 (잠이) 깨다, 눈을 뜨다
028	**get up**	동 (잠자리에서) 일어나다
029	**early**	형 이른, 빠른 부 일찍, 빨리
030	**late**	형 늦은 부 늦게
031	**song**	명 노래
032	**funny**	형 웃기는, 재미있는
033	**me**	대 나(를)
034	**you**	대 너(를)
035	**bedtime**	명 잠잘 시간, 취침 시간
036	**dream**	명 (자면서 꾸는) 꿈, (장래에 대한) 꿈 동 꿈을 꾸다
037	**kiss**	명 키스, 입맞춤 동 키스하다, 입맞추다
038	**give**	동 주다
039	**have a good night**	(잠을) 잘 자다, 좋은 밤을 보내다

DAY 04

040	**nice**	형 좋은, 멋진
041	**car**	명 차, 자동차
042	**wash**	동 씻다, 세탁하다, 세척하다
043	**walk**	동 걷다, 산책하다, 산책시키다 명 산책
044	**pool**	명 수영장
045	**market**	명 시장
046	**fence**	명 울타리, 담
047	**fix**	동 고치다, 수리하다
048	**and**	접 ~와, 그리고
049	**too**	부 ~도 (또한)
050	**kind**	형 친절한, 다정한
051	**really**	부 정말로, 진짜로
052	**have a nice day**	(기분) 좋은 하루를 보내다

DAY 05

053	**twin**	명 쌍둥이 (중의 한 명)
054	**both**	형 둘 다의, 양쪽의 대 둘 다, 양쪽 다
055	**together**	부 함께, 같이
056	**always**	부 항상, 늘, 언제나
057	**story**	명 이야기
058	**nap**	명 낮잠 동 낮잠을 자다
059	**party**	명 파티, 모임
060	**birthday**	명 생일
061	**present**	명 선물
062	**thank**	동 감사하다, 고마워하다
063	**their**	형 그들의, 그것들의
064	**our**	형 우리의, 우리들의
065	**every day**	매일, 날마다

DAY 06

066	**child**	명 아이, 어린이
067	**team**	명 (스포츠 경기 등에서) 팀, 조
068	**play**	동 놀다, (경기를) 하다, (악기를) 연주하다
069	**player**	명 선수
070	**soccer**	명 축구
071	**kick**	동 (발로) 차다 명 킥, 차기
072	**baseball**	명 야구, 야구공
073	**basketball**	명 농구, 농구공
074	**tennis**	명 테니스
075	**badminton**	명 배드민턴
076	**throw**	동 던지다
077	**hit**	동 치다, 때리다
078	**play catch**	캐치볼을 하다

접는선

DAY 07

079 ☐☐	**hop**	동 깡충깡충 뛰다
080 ☐☐	**climb**	동 오르다, 올라가다
081 ☐☐	**caterpillar**	명 애벌레
082 ☐☐	**crawl**	동 기다, 기어가다
083 ☐☐	**high**	형 높은 부 높이, 높게
084 ☐☐	**low**	형 낮은 부 낮게, 아래로
085 ☐☐	**him**	대 그를
086 ☐☐	**her**	대 그녀를
087 ☐☐	**fly**	동 날다, (연 등을) 날리다, 조종하다
088 ☐☐	**ride**	동 (탈것 등을) 타다 명 타기
089 ☐☐	**excited**	형 신이 난, 들뜬
090 ☐☐	**scared**	형 무서워하는, 겁먹은
091 ☐☐	**amusement park**	놀이공원

접는선

DAY 08

092 ☐☐	**home**	명 (가족이 함께 사는) 집, 가정
093 ☐☐	**place**	명 장소, 곳
094 ☐☐	**forest**	명 숲
095 ☐☐	**rainforest**	명 (열대) 우림
096 ☐☐	**grassland**	명 초원(지대)
097 ☐☐	**jungle**	명 밀림(지대), 정글
098 ☐☐	**camel**	명 낙타
099 ☐☐	**desert**	명 사막
100 ☐☐	**nest**	명 (새의) 둥지
101 ☐☐	**web**	명 거미줄, 거미집
102 ☐☐	**plant**	명 식물
103 ☐☐	**everywhere**	부 모든 곳에, 어디에나
104 ☐☐	**ocean animals**	해양 동물들, 바다에 사는 동물들

접는선

DAY 09

105	**fairy**	명 (이야기 속의) 요정
106	**tale**	명 이야기, 소설
107	**prince**	명 왕자
108	**princess**	명 공주
109	**witch**	명 마녀
110	**wizard**	명 마법사
111	**put on**	동 (옷, 모자 등을) 입다, 걸치다, 쓰다
112	**wear**	동 입고[신고, 쓰고, 끼고] 있다
113	**shirt**	명 셔츠
114	**dress**	명 드레스, 원피스 동 옷을 입다, (특정한) 옷차림을 하다
115	**ghost**	명 유령, 귀신
116	**monster**	명 괴물
117	**dress up**	옷을 차려입다, 분장하다

접는선

DAY 10

118	**this**	형 이 대 이것
119	**these**	형 이 대 이것들
120	**that**	형 저 대 저것
121	**those**	형 저 대 저것들
122	**shoe**	명 신발 (한 짝)
123	**sock**	명 양말 (한 짝)
124	**pants**	명 바지
125	**shorts**	명 반바지
126	**try**	동 노력하다, 시도하다, 해 보다
127	**too**	부 너무 (~한)
128	**grow**	동 자라다, 크다
129	**quickly**	부 빨리, 빠르게
130	**just right**	딱 알맞은, 딱 좋은

DAY 11

131	**country**	명 국가, 나라
132	**from**	전 ~에서(부터), ~에서 온, ~ 출신의
133	**America**	명 미국
134	**Canada**	명 캐나다
135	**England**	명 영국, 잉글랜드
136	**Germany**	명 독일
137	**Italy**	명 이탈리아
138	**France**	명 프랑스
139	**Korea**	명 한국
140	**Japan**	명 일본
141	**China**	명 중국
142	**India**	명 인도
143	**be from**	~에서 오다, ~ 출신이다

접는선

DAY 12

144	**build**	동 (건물을) 짓다, 세우다
145	**sandcastle**	명 모래성
146	**straw**	명 짚, 지푸라기, 빨대
147	**stick**	명 막대기, (부러진) 나뭇가지
148	**brick**	명 벽돌
149	**mud**	명 진흙
150	**stone**	명 돌, 석조
151	**wood**	명 나무, 목재
152	**Mr.**	명 ~ 씨, ~ 님, ~ 귀하
153	**Mrs.**	명 ~ 부인, ~ 여사, ~ 님
154	**fireplace**	명 벽난로
155	**chimney**	명 굴뚝
156	**be made of**	~으로 만들어지다

접는선

DAY 13

157	**messy**	형 지저분한, 엉망인
158	**clean**	형 깨끗한 동 (깨끗이) 닦다, 청소하다
159	**sofa**	명 소파, 긴 안락의자
160	**lamp**	명 램프, 등
161	**sink**	명 (부엌) 싱크대, 개수대
162	**bathtub**	명 욕조
163	**floor**	명 (방)바닥, 마루
164	**rug**	명 (바닥에 까는) 깔개, 러그
165	**curtain**	명 커튼
166	**clothes**	명 옷, 의복
167	**backyard**	명 뒷마당, 뒤뜰
168	**garage**	명 차고
169	**garage sale**	(차고에서 하는) 차고 세일, 중고물품 세일

접는선

DAY 14

170	**television**	명 텔레비전
171	**watch**	동 보다, 지켜보다 명 손목시계
172	**glass**	명 유리잔, 글라스, 유리
173	**glasses**	명 안경
174	**telephone**	명 전화, 전화기
175	**talk**	동 말하다, 이야기하다
176	**key**	명 열쇠, 키
177	**smartphone**	명 스마트폰
178	**next to**	전 ~ (바로) 옆에
179	**between**	전 ~ 사이에, ~ 중간에
180	**near**	전 ~ 가까이에 부 가까이 형 가까운
181	**far**	부 멀리 형 먼
182	**in front of**	~ 앞에

접는선

DAY 15

183	**storm**	명 폭풍, 폭풍우
184	**stormy**	형 폭풍우의, 폭풍우가 치는
185	**strong**	형 강한, 힘이 센
186	**blow**	동 (바람이) 불다
187	**mitten**	명 벙어리장갑 (한 짝)
188	**scarf**	명 스카프, 목도리
189	**mine**	대 나의 것, 내 것
190	**yours**	대 너의 것, 네 것
191	**his**	대 그의 것
192	**hers**	대 그녀의 것
193	**whose**	형 누구의
194	**which**	형 어느, 어떤 대 어느 쪽, 어떤 것
195	**build a snowman**	눈사람을 만들다

접는선

DAY 16

196	**before**	전 (시간, 순서상으로) ~ 앞에, ~ 전에
197	**after**	전 (시간, 순서상으로) ~ 뒤에, ~ 후에
198	**eleven**	명 11, 열하나 형 11(개)의
199	**twelve**	명 12, 열둘 형 12(개)의
200	**thirteen**	명 13, 열셋 형 13(개)의
201	**fourteen**	명 14, 열넷 형 14(개)의
202	**fifteen**	명 15, 열다섯 형 15(개)의
203	**sixteen**	명 16, 열여섯 형 16(개)의
204	**seventeen**	명 17, 열일곱 형 17(개)의
205	**eighteen**	명 18, 열여덟 형 18(개)의
206	**nineteen**	명 19, 열아홉 형 19(개)의
207	**twenty**	명 20, 스물 형 20(개)의
208	**years old**	(나이) ~살인, ~세의

접는선

DAY 17

209	**camping**	명 캠핑, 야영
210	**hiking**	명 하이킹, 도보 여행, 가벼운 등산
211	**fishing**	명 낚시
212	**shopping**	명 쇼핑
213	**skating**	명 스케이트 타기
214	**skiing**	명 스키 타기
215	**need**	동 (~을) 필요로 하다, (~이) 필요하다
216	**sleeping bag**	명 침낭, 슬리핑 백
217	**backpack**	명 배낭
218	**pack**	동 (짐을) 싸다, 꾸리다
219	**heavy**	형 무거운
220	**light**	형 가벼운
221	**go to camp**	캠프에 가다

DAY 18

222	**today**	명 오늘 부 오늘(은)
223	**now**	부 지금, 현재
224	**in**	부 안으로, 속으로 전 ~ 안에
225	**out**	부 밖으로, 밖에
226	**noisy**	형 시끄러운, 떠들썩한
227	**shy**	형 수줍어하는, 부끄럼을 많이 타는
228	**bright**	형 (빛이) 밝은, 눈부신
229	**dark**	형 어두운, 짙은
230	**light**	명 (해, 전등 등의) 빛, 전등 형 가벼운
231	**sunlight**	명 햇빛, 햇살
232	**on**	부 (~이) 켜져 있는, 작동 중인
233	**off**	부 (~이) 꺼져 있는, 작동이 안 되는
234	**on and off**	불규칙하게, 오락가락

접는선

DAY 19

235	**job**	명 직업, 일	
236	**work**	동 일하다 명 일, 직장	
237	**vet**	명 수의사	
238	**dentist**	명 치과 의사	
239	**actor**	명 배우	
240	**artist**	명 화가, 예술가	
241	**cook**	명 요리사 동 요리하다	
242	**baker**	명 제빵사	
243	**driver**	명 운전사, 기사	
244	**pilot**	명 (비행기) 조종사	
245	**Dr.**	명 의사, 박사	
246	**Ms.**	명 ~ 씨, ~ 님	
247	**animal hospital**	동물 병원	

접는선

DAY 20

248	**city**	명 도시
249	**busy**	형 바쁜
250	**to**	전 (장소, 방향) ~로, ~ 쪽으로, (범위) ~까지
251	**by**	전 ~로, ~에 의하여
252	**bus**	명 버스
253	**taxi**	명 택시
254	**train**	명 기차
255	**subway**	명 지하철
256	**airplane**	명 비행기
257	**helicopter**	명 헬리콥터
258	**drive**	동 운전하다
259	**take**	동 (교통수단을) 타다, 타고 가다
260	**on foot**	걸어서, 도보로

DAY 21

261	**town**	명 소도시, 읍
262	**village**	명 (시골) 마을, 촌락
263	**bakery**	명 빵집, 제과점
264	**restaurant**	명 식당, 레스토랑
265	**supermarket**	명 슈퍼마켓
266	**bank**	명 은행
267	**church**	명 교회
268	**post office**	명 우체국
269	**store**	명 가게, 상점
270	**bookstore**	명 서점, 책방
271	**library**	명 도서관
272	**museum**	명 박물관, 미술관
273	**look around**	둘러보다, 구경하다

DAY 22

274	**at**	전 [장소] ~에(서), [시간] ~에
275	**start**	동 시작하다, 시작되다
276	**study**	동 공부하다, 배우다
277	**subject**	명 학과, 과목, 주제
278	**tell**	동 말하다, 이야기하다
279	**listen**	동 (귀 기울여) 듣다
280	**question**	명 질문, 문제
281	**ask**	동 묻다, 요청하다
282	**paintbrush**	명 (그림 그리는) 붓, 화필
283	**clay**	명 점토, 찰흙
284	**line**	명 선, 줄
285	**mask**	명 마스크, 가면, 탈
286	**show and tell**	쇼앤텔

DAY 23

287	**hamster**	명 햄스터
288	**iguana**	명 이구아나
289	**parrot**	명 앵무새
290	**cage**	명 새장, 우리
291	**fur**	명 (동물의) 털
292	**brown**	형 갈색의 명 갈색, 고동색
293	**head**	명 머리
294	**tail**	명 꼬리
295	**thick**	형 두꺼운, 굵은
296	**thin**	형 얇은, 가는, 마른
297	**tiny**	형 아주 작은, 조그마한
298	**large**	형 (규모가) 큰, 넓은, (양이) 많은
299	**pet store**	애완동물 가게

DAY 24

300	**field trip**	명 현장 체험 학습, 견학 여행
301	**visit**	동 방문하다, 찾아가다 명 방문
302	**rule**	명 규칙, 규정
303	**follow**	동 (뒤를) 따라가다, 따르다
304	**shout**	동 외치다, 소리 지르다
305	**feed**	동 먹이를 주다
306	**enter**	동 (~에) 들어가다, 들어오다
307	**touch**	동 만지다, 건드리다
308	**should**	동 ~해야 한다
309	**never**	부 절대 ~하지 마라, 결코 ~ 않다
310	**be**	동 ~이다, ~ 해라 (명령문에서)
311	**say**	동 말하다, ~라고 쓰여 있다
312	**line up**	줄을 서다

접는선

DAY 25

313	**concert**	명 콘서트, 연주회
314	**band**	명 밴드, 악단
315	**piano**	명 피아노
316	**guitar**	명 기타
317	**violin**	명 바이올린
318	**cello**	명 첼로
319	**learn**	동 배우다, 학습하다
320	**bow**	명 활, (바이올린 등을 켜는) 활
321	**drum**	명 북, 드럼
322	**drumstick**	명 북채, 드럼스틱
323	**cymbal**	명 심벌즈(의 한쪽)
324	**tambourine**	명 탬버린
325	**musical instrument**	악기

DAY 26

326	**rise**	동 (해, 달이) 뜨다, 떠오르다
327	**shine**	동 빛나다, 반짝이다
328	**ring**	동 (종, 벨 등이) 울리다
329	**alarm clock**	명 자명종, 알람 시계
330	**again**	부 다시, 또
331	**sleepyhead**	명 잠꾸러기
332	**time**	명 시간, 때, 시각
333	**o'clock**	부 ~시 (정각)
334	**hear**	동 듣다, (귀에) 들리다
335	**feel**	동 느끼다
336	**smell**	동 (~한) 냄새가 나다, 냄새를 맡다
337	**breakfast**	명 아침(밥), 아침 식사
338	**It's time to**	~할 시간이다

접는선

DAY 27

339	**snack**	명 간식, 간단한 식사
340	**taste**	명 맛 동 (~한) 맛이 나다
341	**cheese**	명 치즈
342	**butter**	명 버터
343	**lettuce**	명 상추, 양상추
344	**mushroom**	명 버섯
345	**spread**	동 펴다, (버터 등을) 바르다
346	**add**	동 더하다, 추가하다, (수를) 더하다, 합산하다
347	**first**	부 우선, 맨 먼저 형 첫 번째의
348	**next**	부 그다음에, 그 뒤에 형 (바로) 다음의
349	**then**	부 그러고 나서, 그런 다음에는
350	**last**	부 마지막으로 형 마지막의, 지난
351	**It's time for**	~할 시간이다

DAY 28

352	**day**	명 하루, 날, 낮
353	**week**	명 주, 일주일
354	**month**	명 달, 월, 1개월
355	**year**	명 해, 연, 1년, (나이) ~살
356	**Monday**	명 월요일
357	**Tuesday**	명 화요일
358	**Wednesday**	명 수요일
359	**Thursday**	명 목요일
360	**Friday**	명 금요일
361	**Saturday**	명 토요일
362	**Sunday**	명 일요일
363	**weekend**	명 주말
364	**days of the week**	요일

DAY 29

365	**street**	명 거리, 길거리
366	**cross**	동 건너다, 가로지르다
367	**building**	명 건물, 빌딩
368	**shop**	명 가게, 상점 동 (물건을) 사다, 쇼핑하다
369	**road**	명 (차가 다니는) 도로
370	**sign**	명 표지판, 간판
371	**stop**	동 멈추다, 서다 명 멈춤, 정류장
372	**move**	동 움직이다
373	**corner**	명 (길)모퉁이, 코너
374	**turn**	동 돌리다, 돌다
375	**left**	부 왼쪽으로 형 왼쪽의 명 왼쪽
376	**right**	부 오른쪽으로 형 오른쪽의 명 오른쪽
377	**traffic light**	(교통) 신호등

DAY 30

378	**word**	명 단어, 낱말
379	**sentence**	명 문장
380	**test**	명 시험, 검사
381	**answer**	명 대답, 답 동 대답하다
382	**correct**	형 맞는, 정확한
383	**wrong**	형 틀린, 잘못된
384	**choose**	동 고르다, 선택하다
385	**circle**	동 동그라미를 그리다 명 동그라미, 원형
386	**check**	동 확인하다, 체크하다
387	**match**	동 (관련 있는 것을) 연결시키다
388	**spell**	동 (단어의) 철자를 말하다[쓰다]
389	**mean**	동 의미하다, 뜻하다
390	**check out**	(~에 대해) 알아보다, 확인해 보다

DAY 31

391	**Africa**	명 아프리카
392	**safari**	명 사파리 (여행)
393	**wild**	형 야생의, 길들여지지 않은
394	**hunt**	동 사냥하다
395	**them**	대 그들을, 그것들을
396	**us**	대 우리를
397	**all**	형 모든 대 모두, 다
398	**some**	형 일부의, 어떤 대 일부, 어떤 것
399	**lion**	명 사자
400	**tiger**	명 호랑이
401	**or**	접 또는, 혹은, 아니면
402	**but**	접 그러나, 하지만
403	**wild animals**	야생 동물들

DAY 32

404	**farmer**	명 농부
405	**grow**	동 (식물을) 재배하다, 자라다, 크다
406	**seed**	명 씨, 씨앗
407	**tasty**	형 맛있는
408	**soft**	형 부드러운, 연한
409	**hard**	형 단단한, 딱딱한
410	**dig**	동 (땅을) 파다
411	**plant**	동 (나무, 씨앗 등을) 심다 명 식물
412	**water**	동 (화초 등에) 물을 주다 명 물
413	**wait**	동 기다리다
414	**just**	부 바로, 마침, 그냥, 단지
415	**soon**	부 곧, 머지않아
416	**come from**	~에서 오다, ~에서 나오다

접는선

MEMO

MEMO

MEMO